LE GUIDE

Oiseaux du littoral charentais

Thomas Brosset

LE GUIDE Oiseaux du littoral charentais

OBSERVATIONS & FICHES

LA GESTE

Sommaire

N
La Rochelle
Surgè
Fouras
Rochefort
Saint-Pierre
d'Oléron
Marennes
Royan
Océan Atlantique
Bord de mer
Au Large
Zones boisées
Marais
Champs, prairies
Zones urbanisées

La Camargue de l'Atlantique

QU'APPREND-ON DES OISEAUX? LA PATIENCE, L'HUMILITÉ, LE RESPECT

Patience car pour les observer, simplement les regarder vivre, il faut s'immobiliser de longues heures, se fondre dans l'environnement, devenir quasiment invisible en plus d'être silencieux.

Humilité car ces descendants des dinosaures ont conservé une aptitude que nous, simples hominidés, n'avons jamais pu acquérir : ils volent, défient la pesanteur. Par-dessus les arbres, par-dessus la mer, par-dessus les champs, par-dessus de tout. Ils nous survolent. Réalisent chaque jour le rêve d'Icare.

Respect car la nature ne peut se pénétrer sans. C'est l'effet papillon. Chaque pas dans un pré détruit une parcelle de vie, chaque bruit dérange, chaque geste un peu trop brusque effraie et peut faire échouer une nichée.

La Charente-Maritime, grâce à sa façade maritime et ses marais, possède une richesse exceptionnelle en avifaune. Avec un tissu associatif très dense pour la surveiller, la protéger dont la Ligue pour la Protection des Oiseaux est le vaisseau amiral. Son siège national se trouve à Rochefort et ce n'est pas un hasard. Là, au cœur du marais, la LPO a fait de la Charente-Maritime sa vitrine nationale. Nature Environnement 17, Biosphère Environnement le long de l'estuaire de la Gironde et bien d'autres associations mènent la même croisade pour la défense des milieux naturels, sources de vie sauvage.

Et ces "anges gardiens" des oiseaux ont encore fort à faire. Souffrant de la lente dégradation de leur milieu de vie naturel, nombre d'espèces se raréfient ou sont en voie de disparation dans le département. Comme l'outarde canepetière, le râle des genêts, le blongios nain, la spatule blanche, le busard Saint-Martin, le hibou des marais, l'alouette des champs ou l'hirondelle rustique. Dévoreuse d'insectes, elle ne trouve plus grand-chose à se mettre sous le bec dans les campagnes "insecticidisées". Continuera-t-elle longtemps encore à nous annoncer le printemps ?

Du Marais Poitevin à l'estuaire de la Gironde, les sites où se regroupent les migrateurs, qu'ils soient visiteurs d'été ou d'hiver, sont nombreux.

Pour réaliser les photos de cet ouvrage, j'ai tout fait pour ne pas perturber les oiseaux dont je voulais capturer l'image. Y compris dans les héronnières que je n'ai approchées qu'à couvert, camouflé, avançant à pas lents et respectant le plus grand silence.

Ce livre ne prétend pas être un guide ornithologique, ni un atlas. Il s'agit plutôt d'une invitation à découvrir et à aimer les oiseaux de Charente-Maritime, d'un parcours initiatique dans leur univers. C'est aussi le résultat d'une dizaine d'années de balades, appareil photo en bandoulière. Des rencontres, des affûts, des attentes.

Il n'est pas non plus exhaustif, loin de là.

Dans ce livre, nous avons choisi de ne pas présenter les oiseaux par la famille ou l'ordre à laquelle ils appartiennent mais par les lieux ou circonstances dans lesquels on peut les apercevoir : en levant le nez dans le ciel, en regardant la mer, en se promenant dans les marais ou dans les bois. On peut les observer en train de voler, de manger, de chanter, de faire leur nid etc.

Une plus grande place a naturellement été réservée à ceux qu'on appelait autrefois les échassiers, taxon qui n'a plus cours aujourd'hui (hérons, limicoles). Ces oiseaux aux longues pattes qui fréquentent les zones humides constituent la marque de fabrique de la Charente-Maritime plus plate qu'accidentée, plus humide que sèche, plus herbeuse que boisée.

Un même livre réalisé dans les Vosges aurait mis l'accent sur les pics, les grimpereaux et les éperviers, dans les Pyrénées sur les grands rapaces, en Nord Bretagne sur les oiseaux de mer. Chaque région a son biotope spécifique qui attire les oiseaux qui lui sont inféodés.

Avec 460 kilomètres de littoral, quatre estuaires et plus de 60 000 hectares de marais, la Charente-Maritime est à l'Atlantique ce que la Camargue est à la Méditerranée et la baie de Somme à la mer du nord, un pays d'eau, donc d'oiseaux d'eau.

Où les voir ? Dans le ciel

1

- Bécasseaux variables
- Bernaches cravants
- Busard des roseaux
- Buse variable
- Crabier chevelu
- Faucon crécerelle
- Héron bihoreau
- Héron cendré
- Hibou des marais
- Sterne naine

Où les voir ? Dans le ciel

Argentés côté face, gris sale côté pile : les nuages de bécasseaux variables se jouent de l'ombre et de la lumière comme si les petits limicoles n'étaient qu'un seul et même corps gigantesque et difforme ondulant dans le ciel, montrant un dos ténébreux, puis soudainement un ventre blanc. Ils sont des milliers à naviguer ainsi ensemble dans l'horizon maritime au-dessus de la baie d'Yves. Ils volent ensemble pour décourager les prédateurs qui ne s'aventureraient pas à foncer dans une telle masse en mouvement. Parfois, les huîtriers inventent à leur tour un ballet aérien, moins dense, moins compact, plus direct avec une touche furtive de rouge. Celle du bec. Un groupe de courlis cendrés, un autre de chevaliers gambettes font la navette entre l'estran et les marais.

Une plainte aiguë au-dessus des terres, presque un miaulement. À la fragilité du cri, on imagine un petit passereau en détresse. Mais c'est une lourde buse qui dessine des orbes sur son terrain de chasse.

Suspendu par un fil imaginaire, un faucon crécerelle bat des ailes sans avancer d'un centimètre. Sans doute a t-il repéré un mulot ou une musaraigne à la verticale de ses serres déjà ouvertes. On dit qu'il fait le Saint-Esprit. Si la prise est possible, il tombe littéralement sur sa proie.

Les rapaces sont décidément les maîtres des cieux : le busard des roseaux frôle la

Ci-dessus : bernaches cravants devant le fier d'Ars
En bas : bécasseaux variables en nuage, baie d'Yves
Double page précédente : busard des roseaux

prairie, le milan noir change de bord comme un voilier, queue en gouvernail, cependant qu'un hibou des marais insomniaque se mêle aux chasseurs diurnes de son vol chaloupé. Il veut sa part de rongeurs.

Une alouette s'élève gorge déployée au-dessus du champ où elle a élu domicile. Vol stationnaire, chant d'alerte.

Au-dessus du marais, cigognes, spatules, hérons, ibis empruntent le couloir aérien qui va du nid au garde-manger.

Sur l'estran vaseux, les avocettes et les tadornes tirent un trait noir et blanc sur l'horizon alors que les sternes se mêlent aux mouettes et goélands pour respirer l'air marin.

Sterne naine

Buse variable

Crabier chevelu

Hibou des marais

Faucon crécerelle s'envolant

Bihoreau gris

Héron cendré

Où les voir ? 2
En bord de mer

- Aigrette garzette
- Avocette
- Barge rousse
- Bécasseau sanderling
- Courlis cendré
- Grand gravelot
- Tournepierre
- Pluvier argenté

Où les voir ? En bord de mer

Ils n'apprécient guère la bave salée de la vague. À chaque avancée de la mer, ils reculent de trois petits pas pressés. Mais dès qu'elle recule, ils la suivent. C'est là, dans ce sable tout juste gorgé d'eau, qu'ils trouvent les petits mollusques dont ils raffolent : les bécasseaux sanderling, dos gris perlé et ventre blanc, investissent chaque centimètre de cette frontière mouvante qui sépare l'océan de la terre. Jamais très loin, les tournepierres à collier préfèrent l'estran accidenté. Quelques rochers, des algues, des mares qui se forment. Un coup de bec pour retourner le caillou, un autre pour saisir la crevette, la moule ou le bigorneau. Une inlassable activité.

Les barges à queue noire, les avocettes élégantes et les courlis cendrés préfèrent les vases. Leur long bec, droit, en trompette ou aquilin, peut pénétrer loin dans la slikke molle et cuivrée du littoral de Charron, Esnandes, Aytré, Port-des-Barques ou le Château d'Oléron si riche en micro-faune. Sur la vasière du port du Pavé de Charron, un pluvier argenté se mêle aux barges. Rondouillard, bec court, il ne donne pas sa part de mollusques au chevalier aboyeur qui le toise de ses hautes pattes dans lesquelles traîne un minuscule bécasseau minute. Chacun sa place dans cet estuaire de la Sèvre Niortaise qui se peuple de milliers de limicoles à chaque marée basse.

L'hiver est installé

À la pointe du Groin dans l'île de Ré, les bernaches cravants se laissent doucement bercer par les premières vagues en cacardant. Friandes de zostères, les herbes marines, elles piqueniquent en bandes sur ce littoral balnéaire qu'elles abandonneront aux touristes dès le printemps.

Double page précédente : courlis corlieu

Barge rousse

Horizon d'avocettes dans la baie de l'Aiguillon

Grand gravelot

Bécasseau sanderling, Rivedoux plage

Avocettes élégantes à Esnandes, baie de l'Aiguillon

Aigrette garzette, Aytré

Pluvier argenté, Esnandes

Tournepierres, Esnandes

Où les voir ? 3
Au large

- Fou de Bassan
- Guillemot de Troïl
- Macareux moine
- Pingouin torda
- Sterne pierregarin

Où les voir ? Au large

Janvier. Temps calme autour du plateau de Rochebonne au large des îles. Fous de Bassan, guillemots de troïl, pingouins Torda, macareux moines, mouettes tridactyles sont les compagnons des pêcheurs et des navigateurs. Après avoir niché et élevé leurs oisillons dans les îles écossaises ou au nord-Bretagne au printemps et l'été, ils passent l'hiver dans le golfe de Gascogne, formidable garde-manger pour ces pêcheurs hors-pair. Les fous notamment, avec leur étonnant regard fardé de bleu, plongeant bec en poignard jusqu'à cinq ou six mètres sous l'eau, se chamaillant parfois les bancs de poissons avec les goélands. Oiseaux clowns, les macareux moines flottent plus calmement sur les remous océaniques du large. Ce qui ne les empêche pas de s'empiffrer d'anchois si un banc se présente. Les uns comme les autres, on peut exceptionnement les apercevoir à la pointe des îles de Ré ou d'Oléron mais, sauf grosse tempête, ils ne s'approchent pas de nos côtes. Et quand on les voit à terre, c'est qu'il est généralement trop tard. Les forts vents continus de février 2014 ont drossé ainsi des dizaines de milliers de ces oiseaux de mer sur les côtes de Charente-Maritime. Pour la plupart mourants. Il a fallu toute la mobilisation des équipes de la Ligue pour la Protection des Oiseaux pour en sauver quelques-uns.

Rencontres en mer

Les sternes arctiques ou pierregarin (hirondelles de mer), goélands bruns ou marins se rencontrent aussi en mer mais ne boudent pas le littoral. Quant à la mouette rieuse, emblème du département, malgré sa réputation d'oiseau de mer, elle s'éloigne en fait bien peu du rivage, préférant les ports, les terres fraîchement labourées.

Double page précédente : fou de Bassan

Pingouin torda

Guillemot de Troïl

Sterne pierregarin

Macareux moine

Où les voir ? 4
Dans les marais

- Busard des roseaux
- Cisticole des joncs
- Échasse
- Garde-bœuf
- Bihoreau gris
- Héron cendré
- Héron pourpré
- Hibou des marais
- Ibis sacré
- Martin-pêcheur
- Panure à moustaches

Où les voir ? Dans les marais

Ce matin-là, le soleil paresse derrière le rideau d'arbres ouatés par un résidu de brume. Le sommet des tamaris ondule au vent. Douce clarté. Promesse d'une belle journée d'avril. De fils en toile, la soie d'araignée capte encore les gouttes de rosée. Les premières plates descendent le hâvre de Brouage pour la marée. Les remparts de la forteresse quittée par la mer se découpent à peine au-dessus du marais engourdi. Un premier chant se fait entendre. Sonore, conquérant, mélodieux et entrecoupé de raclements de gorge. Gorge bleue, précisément. À miroir. Barbe bleue et jabot blanc. Le mâle marque son territoire. Arrivé d'Afrique il y a quelques jours, il a planté son drapeau là, dans la broussaille de Moëze. Il le dit haut et clair. C'est là qu'il établit son domicile. Malheur à celui qui viendra lui chamailler son coin de buisson. Et il attend la femelle qui se laissera séduire par ses vocalises rossignolesques. Quelques piaillements plus loin, une bergeronnette printanière et virevoletante ajoute une touche de jaune aux grappes de moutarde sauvage qui enflamment les fossés. Un vrombissement d'abord sourd s'amplifie : une escadrille de six lourds cygnes tuberculés survole le marais.

L'air se remplit désormais de pépiements proches et lointains : une bouscarle de Cetti, invisible mais au chant explosif, des phragmites des joncs dispersés et turbulents, des chardonnerets voletant d'arbre en arbre en bandes colorées.

Dans les marais

Le soleil a enfin déchiré le rideau. Les premiers hirondelles strient le ciel de leur fulgurance aérienne. Sentinelle immobile au bord du canal, un héron cendré veille sur l'eau verte hantée de croassements prometteurs pour son insatiable appétit cependant qu'une cigogne arpente le pré à grandes enjambées rouges. Un trait bleu qui raie la surface de l'eau. Le martin-pêcheur est passé, pressé comme toujours. Il s'est posé là-bas, tout au fond, sur une branche isolée.

Double page précédente : ibis sacrés

Héron pourpré marchant sur l'eau

Échasse, Saint-Agnant

Busard des roseaux, marais de Brouage

Cisticole des joncs

Héron cendré

Panure à moustaches femelle

Martin-pêcheur, lac d'argile, Aytré

Bihoreau gris, Saint-Agnant

Garde-bœufs

Hibou des marais, Esnandes

Où les voir ? 5
Dans les arbres

- Fauvette des jardins
- Geai des chênes
- Mésange à longue queue
- Mésange bleue
- Mésange nonnette
- Pic épeiche

Où les voir ? Dans les arbres

Rideau d'arbres sur la pente. Quelque part entre La Gripperie-Saint-Symphorien, Saint-Jean-d'Angle et Saint-Sornin. Le bois de l'Ardinier, le bois de Comme Sol, le bois de la Seigneurerie. Là où jadis, la mer venait lécher la terre. La tour de Broue pour amer. Comme une frontière naturelle entre le marais et la terre ferme. Fraîcheur, côteaux, chants de passereaux. Et soudain un bruit sonore. Toc, toc, toc ! On frappe au tronc. Pic-vert ? Pic épeiche ? Une silhouette noire et blanche tâchée de rouge s'enfuit entre les arbres. C'est l'épeiche à la recherche de quelques larves. S'égosillant de notes decrescendo, un

Mésange bleue, Aytré

pinson apporte une touche de gaieté à la futaie en clair-obscur, cependant qu'une bande de mésanges à longue queue sautille de branche en branche à la recherche de quelque araignée. Tête en bas, une sitelle torchepot défie la gravité le long d'une grosse branche de noisetier et repart, victorieuse, bec écartelé par une noisette fendillée. Le coucou se fait entendre au loin. Mélodie apaisante, presque envoûtante, annonciatrice d'un crépuscule serein. La tourterelle des bois y va à son tour de son roucoulement rassurant. Mais le charme est vite rompu par un cri presque déchirant : un geai surpris dans sa recherche des glands qu'il a stockés pendant l'hiver. Puis le silence retombe.

Entendra-t-on le mystérieux engoulevent cette nuit ou la chouette hulotte ?

Double page précédente : fauvette des jardins

Geai des chênes

Mésange à longue queue, lac d'argile, Aytré

Mésange nonnette

Pic épeiche bois de la Gripperie

Où les voir ? Dans les prairies, les champs cultivés, les terrains découverts

6

- Faisan de Colchide
- Faucon crécerelle
- Moineau
- Perdrix rouge

Où les voir ? Dans les prairies, les champs cultivés, les terrains découverts

Champ de blé, champ de massacre ? Quand la moissonneuse-batteuse entame sa coupe dans l'étendue blonde des terres d'Aunis, les nichées de busards cendrés sont en grand danger. Car ce joli rapace a la fâcheuse habitude de choisir d'élever sa famille au milieu des champs de céréales, à l'abri des regards et des prédateurs. Mais sans savoir que ces champs sont destinés à être fauchés en juin ou juillet. Course contre la montre pour les bénévoles de la Ligue pour la Protection des Oiseaux qui, chaque année, doivent recenser les nids potentiels des busards cendrés en repérant le ballet aérien des mâles qui apportent à manger à leur progéniture puis contacter l'agriculteur propriétaire du terrain pour lui demander d'épargner un petit carré de leur champ, voire même de déplacer le nid un peu plus loin avec l'accord tacite des adultes suivant l'opération du ciel. Cela dit, la moisson ne fait pas que des malheureux chez les oiseaux : les milans noirs, les buses, les faucons observent le passage des « dents de la terre » avec attention. Car mulots et campagnols se retrouvent à

La linotte

À la moindre haie accueillante, la linotte mélodieuse, gorge écarlate, fait mine d'avoir perdu son nid en voletant de trou de branche en trou de feuillage, simple stratégie pour dérouter les prédateurs sur la localisation de sa nichée. Tête de linotte peut-être mais tout sauf étourdie. Gorge orangée ou crème, le tarier pâtre et le traquet motteux se perchent en haut d'un buisson pour chanter.

Double page précédente : perdrix rouges, Esnandes

découvert dès que la « moissbat » est passée. Cigognes et hérons cendrés, à l'occasion carnivores, profitent également de l'aubaine. En hiver, les mouettes rieuses suivent fidèlement le soc du laboureur qui libère des vers ou des larves. Plus farouches, les vanneaux huppés suivent à distance. Mais dès que le calme est revenu, ils viennent chercher ce que leur ont laissé les mouettes.

Faucon crécerelle

Moineau femelle en vol

Faisan de Colchide, Esnandes

Une perdrix grise s'enfuit à petits pas pressés, le faisan de Colchide laisse paresseusement les rayons du soleil darder les rousseurs de son plumage. Ce n'est pas jour de chasse. Dans le champ voisin, l'énigmatique oedicnème criard, pupilles dilatés, arpente les sillons. L'apercevoir tient de l'exploit tant son plumage passe-partout se fond dans la terre brune. Un véritable caméléon du labour. Quelques dizaines de kilomètres plus au sud dans la plaine de Saintes, le si rare râle des genêts tend le cou au-dessus des herbes pour pousser un cri presque désespéré. Un râle. Celui de l'agonie de son espèce ?

Que font-ils ? 7
Ils cueillent, pêchent, chassent, mangent

- Buse
- Bihoreau gris
- Héron cendré
- Héron pourpré
- Phragmite des joncs
- Traquet motteux

Que font-ils ? Ils cueillent, pêchent, chassent, mangent

Chacun sa stratégie d'approche, de chasse ou de pêche, chacun son menu, son régime dans le restaurant à ciel ouvert de la Charente-Maritime. Les Aigrettes garzettes se nourrissent de petits poissons, crustacés, insectes et même de petits mammifères. Les hérons cendrés ou pourprés raffolent des poissons-chats ou des grenouilles. Mais ils n'attaquent aussi aux anguilles. Le combat est parfois long, l'anguille faisant tout pour s'évader, s'agitant en tous sens, s'enroulant autour du bec de l'échassier. Mais le héron est patient. Bec plus court mais puissant, le bihoreau n'hésite pas, si l'occasion se présente, à chaparder l'oisillon d'un voisin de nichée dans la héronnière, spécialité normalement réservée aux rapaces comme les milans noirs qui bien que friands de poissons et petits mammifères, hantent également les héronnières pour en prélever quelques petits en l'absence des adultes au long bec.

Les faucons crécerelles cherchent mulots et campagnols, comme les buses et les busards à l'occasion charognards. Les ibis sacrés que l'on dit invasifs puisqu'ils ne sont pas venus là naturellement mais à partir d'un élevage de

Héron pourpré lâchant une grenouille

Loire-Atlantique ayant ouvert la cage aux oiseaux raffolent des écrevisses de Louisiane, espèce également invasive. Comme quoi, la nature même perturbée dans son harmonie originelle peut retrouver une forme d'équilibre.

Buse dévorant un ragondin

Double page précédente : traquet motteux se nourrissant

Phragmite des joncs, Saint-Agnant

Bihoreau gris chapardant un poussin de garde-bœuf

Héron cendré avec anguille, Les Portes-en-Ré

Héron cendré mangeant une carpe

Que font-ils ? Ils chantent, piaillent, alertent

8

- Bruant des roseaux
- Gorge-bleue à miroir
- Tarier pâtre

Que font-ils ? Ils chantent, piaillent, alertent

Dans les marais, la Gorge-bleue s'égosille début avril sur les tamaris ou tout autre végétation de marais pour marquer son territoire et fonder famille, la rousserolle effarvatte dans les roseaux, le tarier pâtre dressé au sommet d'un buisson comme la linotte. Maître chanteur, le rossignol philomène ne fait étalage de son ramage, le plus harmonieux qui soit, qu'à la toute fin de la nuit et surtout dans les secteurs boisés.

En bord de mer, le goéland aboie plus qu'il ne chante rivalisant de piaulements revendicatifs avec la mouette rieuse.

Dans les jardins, le merle siffle le soir qui tombe au sommet d'un arbre. Le rouge-gorge prend le relais si nécessaire avec des faux-airs de rossignol dans le gosier.

Trois notes monotones scandées à intervalles réguliers comme un slogan : c'est la mésange charbonnière qui salue le jour. Son chant alterne avec le gazouillis d'un rouge-queue et la douce mélodie d'un pouillot véloce avant que le jacassement autoritaire de la pie bavarde ne vienne briser la magie du moment. Car les chants n'en sont pas toujours. Souvent, il s'agit de cris d'alerte. Ainsi l'échasse blanche ou le chevalier gambette dissuadent l'intrus d'approcher de son nid en lui lâchant ce qu'on peut supposer être une bordée d'injures en langage oiseau.

Quant aux oisillons de toute espèce, ils piaillent essentiellement pour réclamer la becquée.

Ci-dessus : gorge-bleue à miroir, Moëze
À droite : tarier pâtre chantant
Double page précédente : bruant des roseaux

Que font-ils ? 9
Ils dansent, se séduisent, se chamaillent

- Aigrettes garzettes
- Busards des roseaux
- Colvert
- Tadorne de belon

Que font-ils ? Ils dansent, se séduisent, se chamaillent

Parfois le déplacement des oiseaux ressemble à une danse. Chacun a sa propre chorégraphie, faite de petits sauts, de brefs envols, de mouvements d'ailes. Parfois, cela correspond à une parade nuptiale, parfois c'en est une. Les busards, les milans se séduisent dans le ciel en réalisant des prouesses aériennes, s'attrapant par les serres, se relâchant, faisant quelques loopings et reprenant la danse. Les hérons se frôlent, se tournent autour, bec ouvert, plumes dressées sur la tête, les échasses se cageolent, les cygnes s'enroulent leur long cou l'un à l'autre… Parfois cela ressemble à un combat, parfois c'en est un. Conquête d'une femelle, défense du territoire, des petits, d'une proie ou d'une graine : les prises de bec sont fréquentes. Parfois ce n'est que la grâce du hasard, d'un mouvement d'aile. Mais qu'ils veulent plaire ou combattre, les aigrettes, avocettes, pourprés, gardes-boeufs, bihoreaux, bernaches, busards, faucons, cormorans, fous de Bassan, goélands, gorges-bleues, ibis, macareux, échasses, cygnes, colverts savent alterner arabesques et cabrioles avec une élégance rare.

Ci-dessus : la danse du colvert
À gauche : tadorne de belon en vol
Double page précédente : busards des roseaux, parade nuptiale
Double page suivante : aigrettes garzettes, prise de bec

10

Que font-ils ? Ils font leur nid

- Busard des roseaux
- Bihoreau gris
- Héron pourpré
- Linotte mélodieuse

Que font-ils ? Ils font leur nid

C'est la noria des colporteurs d'herbes, de mousse, de branches. Chacun son matériau, chacun sa technique. Il faut construire le nid ou le consolider. Branchages solides pour les cigognes, les pies, les hérons, les buses, nid plus douillet pour les passereaux. Nid perché pour les uns, au sol donc vulnérables pour les autres. C'est le cas des vanneaux, des échasses toujours en éveil pour chasser les importuns. C'est aussi le cas des busards cendrés qui craignent surtout les ... moissonneuses-batteuses de l'été. Quant au coucou, son chant printanier nous rappelle son oisiveté : il ne fait pas de nid mais pond dans celui d'un autre oiseau. Il n'a ainsi ni à fabriquer de nid, ni à nourrir sa progéniture, ni à l'élever. Il peut se lisser les plumes et soigner son chant.

Busard des roseaux

Double page précédente : héron pourpré
Double page suivante : héron pourpré faisant son nid

Linotte mélodieuse

Que font-ils ? Ils élèvent leurs petits

11

- Aigrette
- Cigogne
- Échasse
- Héron pourpré
- Poule d'eau oisillon

Que font-ils ? Ils élèvent leurs petits

De mai à août, les héronnières du département ressemblent à de gigantesques pouponnières. Nids à tous les étages. Concert d'appels, de croassements rauques. Concerts de couacs ! Le chant du héron n'a rien d'harmonieux. Les pourprés, aigrettes, gardes-bœufs, bihoreaux se partagent les arbres surveillant le ciel où les prédateurs, buses et milans tournoient. Un instant d'inattention et un oisillon disparaît dans les serres du rapace. Quand les petits grandissent et qu'ils ont atteint la taille des adultes, le nourrissage ressemble plus à un combat bec à bec qu'à un instant de tendresse. À chaque retour au nid, les jeunes hérons houspillent leur parent pour une becquée brutale, loin de la douce becquée du passereau.

Pour les oiseaux qui nichent au sol et à découvert, comme les échasses ou les chevaliers gambettes, la protection des oisillons n'est pas mince affaire. Les cris et vols précipités des adultes ne suffisent que rarement à éloigner les prédateurs de plumes ou de poils.

Ci-dessus : oisillon de foulque
Double page précédente : échasses, petits et leur mère

Nid de hérons pourprés

Jeunes hérons pourprés

Ci-dessus : arbre à cigognes, Saint-Jean-d'Angle
À droite : nid d'aigrettes

Leurs anges gardiens

Grâce à la présence du siège de la Ligue pour la Protection des Oiseaux à Rochefort, la Charente-Maritime est le département qui dispose du tissu associatif de défenseurs des oiseaux sans doute le plus dense de France. Vieille dame née en 1912 pour mettre un terme au massacre du macareux moine en Bretagne, oiseau marin devenu, depuis, son symbole, la LPO a été reconnue d'utilité publique en 1986. Elle est dirigée par Yves Verilhac et présidée par le Rétais Allain Bougrain Dubourg. Forte de 46 000 adhérents, de 5 000 bénévoles actifs et de 400 salariés sur tout le territoire national, elle est aujourd'hui considérée comme la toute première association de protection de la nature en France. Elle est naturellement particulièrement active en Charente-Maritime où on lui doit notamment le retour de la cigogne. En installant, avec la collaboration du groupe ornithologique Aunis Saintonge, des plateformes dans le marais elle a permis aux cigognes en mal de point haut de revenir nicher dans le département. Plus de 500 couples y ont été recensés en 2017. Un record national.

La réserve de Moëze occupe 6 720 hectares essentiellement en mer entre Oléron et Le Havre de Brouage. La partie terrestre de la réserve ne s'étend que sur 220 hectares entre prés-salés, vasières et bancs de sable. Elle accueille chaque année des dizaines de milliers d'oiseaux nicheurs (70 espèces), hivernants (60 000 limicoles, 20 000 canards chaque hiver) ou en migration. Paradis des barges rousses, bécasseaux, canards pilet, on peut également observer des spatules blanches, des courlis etc.

La réserve d'Yves occupe 192 hectares en bordure de la baie d'Yves. L'hiver, elle accueille environ 20 000 limicoles, 1 500 canards et plusieurs centaines d'oies cendrées.

La réserve naturelle de Lileau des Niges s'étend sur 120 hectares au nord de l'île de Ré entre vasières marais salants. C'est le paradis du tadorne de belon, de la gorge-bleue à miroir, de l'échasse et de l'avocette.

La réserve de la baie de l'Aiguillon occupe 4 900 hectares dont 2 600 en Charente-Maritime. Elle s'étend essentiellement sur le domaine public maritime entre vasières et pré salés. Au début des années 2000, on y aurait dénombré 74 000 oiseaux dont 46 000 limicoles.

Outre ces quatre réserves naturelles nationales, la Charente-Maritime est également riche de trois petites réserves naturelles régionales, la Massonne à Saint-Sornin, gérée par l'association Nature-Environnement 17, les marais de Pampin et Tasdon à La Rochelle gérés par la ville mais où interviennent les animateurs de la LPO Charente-Maritime.

De plus, avec ses quatorze pôles-nature, le conseil départemental a ajouté une couche de protection supplémentaire à certains territoires riches en oiseaux comme l'estuaire de la Gironde à Vitrezay, la station de lagunage de Rochefort, la cabane de Moins (gérée par la Fédération de chasse) et le marais aux oiseaux de Dolus-d'Oléron.

Enfin, pour être complet, il existe des ZPS (Zones de protection spéciales) pour que certaines espèces menacées puissent continuer à vivre sur le territoire qu'elles occupent. C'est le cas pour le secteur des communes de Néré, le Gicq et Bresdon où se reproduisent les derniers couples d'outardes canepetières du département ou de la plaine de Saintes pour le râle des genêts. La LPO y porte une attention toute particulière d'autant que ce sont des zones agricoles donc à fortes pressions saisonnières. Tout comme la plaine d'Aunis au moment des moissons. Les busards cendrés nichent au sol dans les herbes hautes au cours du printemps. Ils ignorent alors qu'ils sont dans un champ cultivé (blé ou orge). Les équipes de la LPO doivent alors quadriller le terrain pour repérer les nids et alerter les agriculteurs avant le passage de la moissonneuse-batteuse. Malgré cela, chaque année, des bébés busards sont déchiquetés par les dents de fer des engins agricoles.

Double page précédente : au secours du râle des genêts. Dans la plaine de Saintes, les ornithologues suivent les agriculteurs pour repérer les râles des genêts.

À droite : Élisa et Claudine. Début juillet, les bénévoles de la LPO se multiplient pour secourir les bébés busards cendrés dans les champs de blé promis à la moisson.

La LPO

La LPO gère quatre réserves naturelles en Charente-Maritime : Moëze-Oléron, la baie d'Yves, Lilleau des Niges dans l'île de Ré et la baie de l'Aiguillon. Le cœur de ces réserves est sanctuarisé, inaccessible au public de façon à laisser les oiseaux nicher ou se reposer en paix. Mais les bordures peuvent se visiter. Certaines réserves disposent même d'observatoires.

Fiches Oiseaux

LÉGENDE

- Bord de mer
- Marais
- Champs, prairies
- Zones boisées
- Au large

AIGRETTE GARZETTE 1

Longueur : 60 centimètres
Envergure : 95 centimètres
Plumage : blanc, bec sombre, cou plié en vol
Sédentarisée
Biotope : littoral vaseux, marais, étangs
Nourriture : poissons, grenouilles, crustacés, mollusques et petits mammifères
Nidification : en dortoir, dans les arbres, avec les autres hérons
Caractère : plutôt grégaire, relativement peu farouche
Voix : sorte d'aboiement, essentiellement au nid en cas de menace
Pour la reconnaître : une tâche blanche dans le marais, patauge dans la vase ou dans les plans d'eau pour trouver sa nourriture ; brefs envols
Situation en Charente-Maritime : échassier originaire du sud de l'Europe, l'aigrette garzette étend son territoire vers le nord ; elle est devenue très commune en Charente-Maritime

1

2

ALOUETTE DES CHAMPS 2

Longueur : 18 centimètres
Envergure : 30 centimètres
Plumage : brun roux strié sur le dos, ventre crème, petite huppe sur la tête
Sédentaire
Biotope : zones cultivées de plaine
Nourriture : insectes en vol, graines
Nidification : au sol, dans l'herbe
Caractère : plutôt solitaire et farouche
Voix : cris clair, chantant
Comment la reconnaître : chante ou crie en vol stationnaire à 7 ou 8 mètres au-dessus du sol
Situation en Charente-Maritime : comme partout en régression du fait de l'utilisation de pesticides et insecticides dans l'agriculture

AVOCETTE ÉLÉGANTE 3

Longueur : 40 centimètres
Envergure : 70 centimètres
Plumage : blanc et noir, tête noire, bec noir, fin et en trompette, longues pattes bleues
Migratrice : partielle, plus présente en hiver
Biotope : vasières du littoral
Nourriture : mollusques et crustacés
Nidification : au sol, sur la vase sèche
Caractère : grégaire, agitée
Voix : cris sonores flûtés
Comment la reconnaître : sabre la vase avec son long bec retroussé
Situation en Charente-Maritime : très présente en baie de l'Aiguillon et dans l'île de Ré

4

3

5

BARGE À QUEUE NOIRE 4

Longueur : 40 centimètres
Envergure : 65 centimètres
Plumage : rouge orangé l'été, plus gris l'hiver, long bec rouge à pointe noire
Migratrice : présente en hiver, quelques couples nicheurs l'été en baie de l'Aiguillon
Biotope : vasières
Nourriture : mollusques de l'estran
Nidification : au sol, dans la végétation
Caractère : sociable
Voix : piaillement paisible au sol, plus rapide en vol
Comment la reconnaître : arpente à pas lents la vase dans laquelle elle plonge profondément son bec ; se distingue du courlis par un corps plus svelte et son bec très droit
Situation en Charente-Maritime : population en baisse partout ; on peut encore l'observer sur les estrans vaseux des îles, des baies d'Yves, de l'Aiguillon

BARGE ROUSSE 5

Longueur : 36 centimètres
Envergure : 65 centimètres
Plumage : brun gris perlé dessus, ventre beige
Migratrice : présente d'août à avril
Biotope : estuaires, vasières
Nourriture : vers marins
Nidification : au sol dans la toundra arctique
Caractère : sociable, vit en groupes
Voix : cri rauque en vol
Comment la reconnaître : se distingue de la barge à queue noire par son bec fin légèrement retroussé et ses pattes sombres un peu plus courtes
Situation en Charente-Maritime : passages occasionnels de petits groupes l'hiver sur l'estran vaseux

BÉCASSEAU MINUTE 6

Longueur : 13 centimètres
Envergure : 35 centimètres
Plumage : brun terne l'hiver, plus roux l'été, ventre crème, bec court et noir
Migrateur : présent en automne et au printemps
Biotope : vasières
Nourriture : mollusques, crustacés
Caractère : sociable, grégaire
Voix : cri aigu
Comment le reconnaître : c'est le plus petit des limicoles, sillonne la vase dans laquelle il plonge le bec pour chercher sa nourriture
Situation en Charente-Maritime : relativement rare sauf en saisons intermédiaires quand les jeunes arrivent en bandes sur les côtes vaseuses du nord du département (Charron, Esnandes)

6

7

BÉCASSEAU SANDERLING 7

Longueur : 17 centimètres
Envergure : 35 centimètres
Plumage : gris pâle perlé, dessous blanc, bec droit
Migrateur : présent de septembre à mai
Biotope : vasières et plages de sable
Nourriture : vers, crustacés, insectes de sable
Nidification : au sol
Caractère : sociable, grégaire
Voix : doux piaillement
Comment le reconnaître : vit en groupes très denses et suit la marée à petits pas pressés et brefs envols ; dos argenté
Situation en Charente-Maritime : très présent sur les îles

BÉCASSEAU VARIABLE 8

Longueur : 15 centimètres
Envergure : 35 centimètres
Plumage : brun gris, ventre blanc, bec effilé un peu arqué
Migrateur : présent de septembre à mai
Biotope : vasières marines
Nourriture : mollusques et crustacés
Nidification : au sol
Caractère : sociable, grégaire
Voix : trilles brèves et aiguës
Comment le reconnaître : vit en troupes très actives avec des envols qui forment des nuages ondulant à la surface de l'eau
Situation en Charente-Maritime : commun sur les vasières d'Oléron, Ré, la baie de l'Aiguillon

8

9

BÉCASSINE DES MARAIS 9

Longueur : 26 centimères
Envergure : 40 centimètres
Plumage : brun foncé strié de blanc crème, raie noire au prolongement de l'œil et du bec
Sédentaire
Biotope : marais
Nourriture : vers dans la vase
Nidification : au sol
Caractère : très discrète, vit en petits groupes
Voix : le plus souvent silencieuse et cachée dans la végétation, saud au printemps où elle pousse un cri bref répétitif du haut d'un perchoir
Comment la reconnaître : à son très long bec, légèrement incliné vers le bas et à sa poitrine striée
Situation en Charente-Maritime : fréquente bien que difficile à apercevoir

BERGERONNETTE DES RUISSEAUX 10

Longueur : 18 centimètres
Envergure : 25 centimètres
Plumage : dos gris, ventre jaune, très longue queue
Sédentaire
Biotope : cours d'eau
Nourriture : insectes
Nidification : trou de mur, berge, pont
Caractère : très active, vit en famille
Voix : cri métallique et bref
Comment la reconnaître : se sert de sa queue comme d'un balancier
Situation en Charente-Maritime : très présente

BERGERONNETTE GRISE 11

Longueur : 18 centimètres
Envergure : 25 centimètres
Plumage : gris-noir, ventre blanc, masque blanc, longue queue
Sédentaire
Biotope : zones humides, villages
Nourriture : insectes
Nidification : falaise, pont, bâtiment
Caractère : très sociable, peu farouche
Voix : gazouillis
Comment la reconnaître : sa queue est toujours en mouvement
Situation en Charente-Maritime : très présente

BERGERONNETTE PRINTANIÈRE 12

Longueur : 17 centimètres
Envergure : 25 centimètres
Plumage : vert olive, ventre jaune
Migratrice : présente d'avril à octobre
Biotope : zones humides, abords des marais
Nourriture : insectes
Nidification : au sol
Caractère : relativement sociable, vit en petits groupes
Voix : cri sonore
Comment la reconnaître : aime accompagner le bétail dans les prairies
Situation en Charente-Maritime : très présente

10

11

12

BERNACHE CRAVANT 13

Longueur : 60 centimètres
Envergure : 1,10 mètre
Plumage : brun gris, tête noire, dessous de la queue blanc
Migratrice, présente d'octobre à avril
Biotope : littoral
Nourriture : algues, herbes marines
Niche dans la Toundra arctique
Caractère : sociable
Voix : chœur de sons gutturaux très reconnaissables en bord de mer
Comment la reconnaître : vit en bandes bruyantes, se laisse généralement porter par les premières vagues de l'océan
Situation en Charente-Maritime : présente par dizaines de milliers dans les îles de Ré et d'Oléron ainsi que sur la frange littorale de Royan à Charron

13

14

BIHOREAU GRIS 14

Longueur : 60 centimètres
Envergure : 1 mètre
Plumage gris sombre sur le dos, blanc sous le ventre (juvenile brun-roux tacheté), cou plié en vol
Migrateur, présent d'avril à octobre
Biotope : marais, roselières, étangs
Nourriture : poissons, insectes aquatiques, n'hésite pas à chiper un oisillon d'aigrette dans les dortoirs
Nidification : en dortoirs dans les arbres avec d'autres hérons
Caractère : il se laisse voir dans les dortoirs à distance respectable
Voix : croassement grave
Pour le reconnaître : se nourrit essentiellement à l'aube ou à la tombée de la nuit ; dans la journée, il bouge très peu. Plus trapu que les autres hérons, œil rouge
Situation en Charente-Maritime : relativement fréquent dans les marais du sud et du nord de Rochefort

BOUSCARLE DE CETTI 15

Longueur : 14 centimètres
Envergure : 16 centimètres
Plumage : brun roux, ventre pâle, sourcil blanchâtre
Sédentaire
Biotope : roselières, marais
Nourriture : insectes
Nidification : dans les buissons
Caractère : très discrète et farouche
Voix : suite de notes métalliques lancées avec force
Comment la reconnaître : à son chant caractéristique qui précède toujours un déplacement.
Situation en Charente-Maritime : bonne fréquence grâce à l'importance des zones humides

15

16

BRUANT DES ROSEAUX 16

Longueur : 15 centimètres
Envergure : 22 centimètres
Plumage : brun-roux strié de noir, ventre
blanchâtre, tête noire, collerette blanche, femelle plus terne
Sédentaire
Biotope : roselières
Nourriture : insectes
Nidification : au sol
Caractère : vit en petits groupes, peu farouche
Voix : cri très sonore, aigu et rythmé
Comment le reconnaître : ressemble beaucoup au moineau domestique mais avec des couleurs plus tranchées
Situation en Charente-Maritime : présent dans les marais de Brouage, Rochefort, le long des estuaires de la Gironde, de la Seudre, de la Charente et de la Sèvre Niortaise

BUSARD CENDRÉ 17

Longueur : 45 centimètres
Envergure : 1,10 mètre
Plumage : brun avec ventre plus pâle pour la femelle, gris pour le mâle
Migrateur, présent d'avril à octobre
Biotope : terres cultivées (blé, orge)
Nourriture : rongeurs
Nidification : au sol dans un champ
Caractère : farouche, plutôt solitaire
Voix : cri aigu répété
Comment le reconnaître : difficile à distinguer du busard des roseaux (tête moins blanche), est un peu svelte, fréquente moins les marais et plus les champs et n'est surtout présent qu'en été
Situation en Charente-Maritime : menacé par les moissons de juillet quand les petits sont encore au nid

Jeune busard cendré 17

18

BUSARD DES ROSEAUX 18

Longueur : 50 centimètres
Envergure : 1,20 mètre
Plumage : brun tête blanche pour la femelle, ailes grises avec bouts noirs pour le mâle
Sédentaire
Biotope : les marais
Nourriture : petits oiseaux, rongeurs, grenouilles
Nidification : au sol, généralement dans les roseaux, souvent au milieu d'une héronnière
Caractère : très actif
Voix : cris aigus
Comment le reconnaître : à sa tête blanche et au fait qu'il vole relativement bas au-dessus des marais ; son vol est plus léger que celui de la buse
Situation en Charente-Maritime : population relativement stable, très présent dans le marais de Brouage

BUSARD SAINT-MARTIN 19

Longueur : 45 centimètres
Envergure : 1 mètre
Plumage : gris avec le bout des ailes pour le mâle, brun-roux avec le ventre beige pour la femelle
Migrateur partiel
Biotope : plaines, terres cultivées, marais
Nourriture : rongeurs, petits oiseaux
Nidification : au sol
Caractère : farouche
Voix : caquètement aigu
Comment le reconnaître : difficile à distinguer du busard cendré dont le mâle est également gris mais le ventre du busard Saint-Martin est plus blanc ; la femelle est plus claire que celle du cendré

BUSE VARIABLE 20

Longueur : 55 centimètres
Envergure : 1,20 mètre
Plumage : brun foncé ou pâle en fonction de l'individu, bec crochu et serres jaunes
Sédentaire
Biotope : essentiellement secteurs boisés mais peut chasser dans les marais
Nourriture : rongeurs, oisillons au nid, animaux morts de bord de route
Nidification : dans un arbre
Caractère : indolente (elle est aussi surnommée la cossarde)
Voix : miaulement aigu qui contraste avec la taille de l'oiseau
Comment la reconnaître : surtout perchée en bord de route ou sur un pylône, vole en cercles
Situation en Charente-Maritime : commune, sauf en bord de mer ; elle est surnommée la « cossarde »

CANARD COLVERT 21

Longueur : 60 centimètres
Envergure : 90 centimètres
Plumage : roux, cou vert, bec jaune pour le mâle, femelle corps brun tacheté
Sédentaire
Biotope : tous les points d'eau
Nourriture : végétaux, graines, racines, insectes
Nidification : au sol
Caractère : sociable
Voix : l'incontournable « coin coin »
Comment le reconnaître : bascule sous la tête dans l'eau pour chercher sa nourriture
Situation en Charente-Maritime : le plus commun des canards

19

20

21

CHARDONNERET ÉLÉGANT 22

Longueur : 12 centimètres
Envergure : 20 centimètres
Plumage : dos brun-roux, ventre fauve, ailes noires et jaunes, tête noire, blanche et rouge
Sédentaire
Biotope : comme son nom l'indique surtout dans les secteurs où l'on trouve des chardons, mais fréquente aussi beaucoup les jardins et parcs des villes
Nourriture : graines
Nidification : dans un arbre
Caractère : vit en groupe qui s'envole à la moindre alerte
Voix : chant musical et varié
Comment le reconnaître : à ses couleurs et à son vol chaloupé
Situation en Charente-Maritime : commun

22

23

CHEVALIER ABOYEUR 23

Longueur : 32 centimètres
Envergure : 55 centimètres
Plumage : dessus grisâtre, ventre blanc
Migrateur : présent de mars à octobre
Biotope : vasières, étangs
Nourriture : insectes, vers, crustacés
Nidification : au sol
Caractère : vit en petits groupes
Voix : un « tiou tiou » monotone
Comment le reconnaître : plus grand que les autres chevaliers, bec très légèrement retroussé et pattes gris-vert
Situation en Charente-Maritime : seulement de passage, ne niche pas

CHEVALIER CUL-BLANC 24

Longueur : 22 centimètres
Envergure : 45 centimètres
Plumage brun-noir tacheté de blanc sur le dessus, ventre blanc, pattes verdâtres
Migrateur, visiteur d'été
Biotope : marais, étangs, cours d'eau
Nourriture : crustacés, vers aquatiques
Nidification : dans un arbre
Caractère : solitaire, très peureux
Voix : cri sonore, aigu
Pour le reconnaître : ventre très blanc, vol caractéristique en zigzag avec des crochets et des piqués vers le sol
Situation en Charente-Maritime : c'est la frange sud de son aire de répartition sur le sol français ; on a donc plus de chances de l'apercevoir dans le nord du département (marais d'Esnandes, Charron) que dans le sud

24

25

CHEVALIER GAMBETTE 25

Longueur 30 centimètres
Envergure : 50 centimètres
Plumage : brun, dessous blanchâtre, longues pattes rouges, bec rouge
Migrateur : partiel, surtout présent l'hiver
Biotope : vasières, estuaires, marais littoraux
Nourriture : vers, crustacés, insectes
Nidification : au sol, dans les herbes
Caractère : peureux, farouche, toujours en alerte
Voix : cris flûtés
Comment le reconnaître : au rouge de ses pattes et de son bec, quand il se croit menacé, hoche la tête de façon saccadée avant de s'envoler
Situation en Charente-Maritime : en régression ; autrefois présent un peu partout, se cantonne désormais entre le littoral et les marais des îles de Ré et Oléron

CHOUETTE CHEVÈCHE D'ATHÉNA 26

Longueur : 22 centimètres
Envergure : 50 centimètres
Plumage : brun tacheté de crème
Sédentaire
Biotope : très diversifié, bocage, vergers (nocturne)
Nourriture : petits rongeurs
Nidification : dans un arbre
Caractère : vit en famille
Voix : cris plaintifs très sonores et répétés
Comment la reconnaître : yeux jaunes (ce qui la distingue de la hulotte), plus petite et la face plus terne que le hibou des marais (qui a également les yeux jaunes)
Situation en Charente-Maritime : présente un peu partout au nord, plus rare au sud

CHOUETTE EFFRAIE 27

Longueur : 35 centimètres
Envergure : 90 centimètres
Plumage : dos beige, ventre et disque facial blancs
Sédentaire
Biotope : près des villages (nocturne)
Nourriture : petits rongeurs
Nidification : vieux bâtiments, greniers, trous dans un arbre
Caractère : vit en famille
Voix : sifflements
Comment la reconnaître : son disque facial fantômatique qui lui donne le surnom de dame blanche
Situation en Charente-Maritime : présente partout mais en diminution. Très nombreuses victimes de la circulation automobile

CHOUETTE HULOTTE 28

Longueur : 38 centimètres
Envergure : 1 mètre
Plumage : brun avec rangées de points blancs sur le côté
Sédentaire
Biotope : milieux boisés (nocturne)
Nourriture : petits rongeurs
Nidification : trou dans un arbre, vieux bâtiments
Caractère : vit en famille
Voix : chante dès la tombée de la nuit ; ululement sonore qui lui donne le surnom de chat huant
Comment la reconnaître : yeux noirs

26

27

28

CIGOGNE BLANCHE 29

Longueur : 1 mètre
Envergure : 2 mètres
Plumage : blanc et noir, pattes et bec rouges, cou allongé en vol
Migratrice : présente d'avril à septembre. Mais depuis 2013 quelques individus commencent à se sédentariser
Biotope : prés salés, marais
Nourriture : poissons, grenouilles, insectes, petits rongeurs
Nidification : en hauteur sur des grands arbres ou sur des poteaux
Caractère : sociable
Voix : claquements de bec
Pour la reconnaître : vole le cou tendu, ce qui la distingue notamment des hérons
Situation en Charente-Maritime : en progression constante grâce à la politique volontariste d'aménager des plate-formes pour aider les couples à faire leur nid ; depuis 2014, la Charente-Maritime est le premier département de France, avec plus de 450 couples reproducteurs, devant l'Alsace ; à noter que quelques cigognes noires nichent dans le Marais Poitevin, côté Deux-Sèvres

29

30

CISTICOLE DES JONCS 30

Longueur : 10 centimètres
Envergure : 13 centimètres
Plumage : brun sombre strié de blanc, ventre beige
Sédentaire
Biotope : zones humides du littoral
Nourriture : insectes et graines
Nidification : au sol dans l'herbe
Caractère : solitaire
Voix : chant sonore et rythmé
Comment la reconnaître : à sa très petite taille et à son vol ondulé rythmé par son chant
Situation en Charente-Maritime : peu fréquente mais la population se maintient

COMBATTANT VARIÉ 31

Longueur : 10 centimètres
Envergure : 13 centimètres
Plumage : brun sombre strié de blanc, ventre beige
Sédentaire
Biotope : zones humides du littoral
Nourriture : insectes et graines
Nidification : au sol dans l'herbe
Caractère : solitaire
Voix : chant sonore et rythmé
Comment la reconnaître : à sa très petite taille et à son vol ondulé rythmé par son chant
Situation en Charente-Maritime : peu fréquente mais la population se maintient

CORNEILLE NOIRE 32

Longueur : 45 centimètres
Envergure : 1 mètre
Plumage noir
Sédentaire
Biotope : champs, villes, bords de mer, bois
Nourriture : vers, graines, animaux morts
Nidification : dans un arbre
Caractère : grégaire, opportuniste
Voix : croassement
Comment la reconnaître : peut éventuellement être confondu avec le corbeau freux mais ce dernier a le bec plus clair et est beaucoup plus rare en Charente-Maritime
Situation en Charente-Maritime : Très fréquent

COUCOU GRIS 33

Longueur : 33 centimètres
Envergure : 60 centimètres
Plumage : gris sur le dos, gris barré de blanc sur le ventre
Migrateur : présent d'avril à septembre
Biotope : bois, bocage
Nourriture : insectes, chenilles
Nidification : pond dans le nid d'autres oiseaux
Caractère : solitaire, très craintif
Voix : « Coucou » naturellement
Comment le reconnaître : très difficile à voir, c'est quand il chante, notamment aux beaux jours du printemps qu'on sait où il est
Situation en Charente-Maritime : moyennement fréquent

31

32

33

COURLIS CENDRÉ 34

Longueur : 55 centimètres
Envergure : 90 centimètres
Plumage : brun strié, ventre plus clair, long bec courbé vers le bas
Migrateur : visiteur d'été ; certains individus sont sédentarisés
Biotope : vasières du littoral, estuaires
Nourriture : crustacés, mollusques, insectes aquatiques
Nidification : au sol, dans les premières végétations du littoral
Caractère : farouche
Voix : facilement reconnaissable, comme son nom l'indique « Cour-li, cour-li »
Comment le reconnaître : peut se mélanger aux autres limicoles sur les vasières, aisément identifiable par son bec effilé et courbé vers le bas
Situation en Charente-Maritime : population en baisse, facilement observable tout de même dans la baie de l'Aiguillon (Esnandes, Charron) et dans l'île de Ré (Fier d'Ars)

34

35

COURLIS CORLIEU 35

Longueur : 45 centimètres
Envergure : 75 centimètres
Plumage : gris perle, bec arqué
Migrateur : présent au printemps et à l'automne
Biotope : estuaires, littoral
Nourriture : insectes, vers, petits crustacés
Nidification : au sol
Caractère : sociable
Voix : trille sonore
Comment le reconnaître : se distingue du courlis cendré par une calotte combre sur la tête
Situation en Charente-Maritime : seulement de passage ; beaucoup plus rare que le courlis cendré

CRABIER CHEVELU 36

Longueur : 45 centimètres
Envergure : 80 centimètres
Plumage : roux, dessous blanc pur, cou plié en vol, bec bleuté.
Migrateur, présent d'avril à septembre
Biotope : marais, roselières, étangs
Nourriture : poissons, grenouilles, insectes aquatiques
Nidification : en dortoirs dans les arbres bas ou les roseaux avec d'autres hérons
Caractère : très discret et farouche. Quand il se sent menacé, ses plumes se hérissent sur sa tête
Voix : le plus souvent silencieux. Peut émettre un croassement rauque à l'occasion
Pour le reconnaître : son bec bleu, son crâne souvent ébouriffé, reste souvent immobile le long des canaux la tête rentrée dans les plumes
Situation en Charente-Maritime : très rare ; oiseau méridional, il atteint dans les marais de Brouage sa limite septentrionale

36

37

CYGNE TUBERCULÉ 37

Longueur : 1,50 mètres
Envergure : 2,10 mètre
Plumage : blanc, bec rouge
Sédentaire
Biotope : points d'eau
Nourriture : végétaux
Nidification : au bord de l'eau
Caractère : agressif quand il y a des petits
Voix : sifflement menaçant et bruit de trompette
Comment le reconnaître : ne peut être confondu avec aucun autre, facilement approchable ; vol lourd, bruyant et près du sol
Situation en Charente-Maritime : très commun

ÉPERVIER D'EUROPE 38

Longueur : 35 centimètres
Envergure : 70 centimètres
Plumage : gris ardoise sur le dos, ventre rouille (mâle) ou blanc barré de gris (femelle)
Sédentaire
Biotope : essentiellement secteurs boisés
Nourriture : passereaux
Nidification : dans un arbre
Caractère : farouche
Voix : silencieux
Comment le reconnaître : à son vol rapide et à sa technique de chasse : il longe les haies ou les lisières pour surprendre ses proies à basse altitude
Situation en Charente-Maritime : fréquent (y compris dans les îles) quoique difficile à observer car reste rarement perché immobile

38

39

FAISAN DE COLCHIDE 39

Longueur : 80 centimètres
Envergure : 80 centimètres
Plumage : noir roux sur le dos, bien contrasté pour le mâle, plus terne et plus clair pour la femelle ; longue queue et œil cerclé de rouge pour le mâle
Sédentaire
Biotope : varié, aussi bien dans les champs que dans les bois
Nourriture : graines, insectes
Nidification : au sol
Caractère : très variable ; est fonction de l'origine de l'oiseau ; de nombreux jeunes sont issus d'élevages pour la chasse et donc peu farouches ; les « vrais » faisans sauvages sont craintifs.
Voix : le mâle chante presque comme un coq
Comment le reconnaître : en vol est presque plus long que large ce qui est très rare chez un oiseau
Situation en Charente-Maritime : fréquent

FAUCON CRÉCERELLE 40

Longueur : 36 centimètres
Envergure : 75 centimètres
Plumage : roux tacheté de noir, ventre crème, bec crochu cerné de jaune (la femelle est plus terne)
Sédentaire
Biotope : espaces dégagés
Nourriture : petits rongeurs, lézards, petits oiseaux
Nidification : trou de falaise, mur abandonné, arbre
Caractère : solitaire, farouche
Voix : cris nasillards
Comment le reconnaître : lorsqu'il chasse, vole sur place en scrutant le sol avant de plonger sur sa proie ; on dit qu'il fait le Saint-Esprit
Situation en Charente-Maritime : très commun un peu partout même en bord de mer

FAUCON ÉMERILLON 41

Longueur : 28 centimètres
Envergure : 62 centimètres
Plumage : dessus gris bleu, ventre crème orangé
Migrateur : présent de septembre à avril
Biotope : marais côtiers
Nourriture : passereaux
Nidification : au sol
Caractère : chasse en couple
Voix : muet en hiver
Comment le reconnaître : plus petit que le crécerelle et la tête plus terne que le hobereau

FAUCON HOBEREAU 42

Longueur : 30 centimètres
Envergure : 75 centimètres
Plumage : dos gris sombre uni, ventre strié, moustaches très prononcées
Migrateur : présent en été
Biotope : milieux ouverts, marais
Nourriture : gros insectes volants, hirondelles, martinets
Nidification : occupe un vieux nid de corvidés
Caractère : discret, farouche
Voix : « kiou » répétés, clairs, musicaux
Comment le reconnaître : plus gris que le crécerelle.
Situation en Charente-Maritime : beaucoup plus rare que le faucon crécerelle mais une population stable (entre 150 et 300 couples)

40

41

42

FAUVETTE À TÊTE NOIRE 43

Longueur : 13 centimètres
Envergure : 20 centimètres
Plumage : gris,ventre plus pâle, tête noire
Sédentaire
Biotope : bois, bocage
Nourriture : insectes, baies
Nidification : buisson dense
Caractère : solitaire, craintive
Voix : cris secs, répétés
Comment la reconnaître : facilement grâce à sa calotte noire
Situation en Charente-Maritime : la fauvette la plus fréquente

FAUVETTE GRISETTE 44

Longueur : 14 centimètres
Envergure : 20 centimètres
Plumage : brun gris terne sur le dos, plus clair sur le ventre, gorge blanche (femelle plus rousse)
Migrateur : présent d'avril à octobre
Biotope : milieux dégagés avec buissons
Nourriture : insectes
Nidification : dans un buisson
Caractère : solitaire, discrète, sauf quand elle chante au sommet d'un buisson
Voix : chant précipité, cris d'appel rauques
Comment la reconnaître : à son épaisse gorge blanche et son œil cerclé de blanc
Situation en Charente-Maritime : présente et assez fréquente partout dans le département

FAUVETTE DES JARDINS 45

Longueur : 14 centimètres
Envergure : 22 centimètres
Plumage : brun beige pâle sur le dessus, plus clair sur le ventre
Migrateur : présent d'avril à octobre
Biotope : taillis, fourrés, arbres bas
Nourriture : insectes, baies
Nidification : dans un buisson
Caractère : solitaire
Voix : chant musical et varié
Comment la reconnaître : à son sourcil pâle
Situation en Charente-Maritime : commune

43

44

45

FOU DE BASSAN 46

Longueur : 90 centimètres
Envergure : 1,80 mètre
Plumage : blanc, bout des ailes noir, cou orangé, bec en poignard
Migrateur : des côtes vers la mer, présence hivernale
Nourriture : poissons
Niche au printemps dans les îles ou sur les îles rocheuses du nord Bretagne
Caractère : agressif
Voix : silencieux en mer
Comment le reconnaître : passe l'hiver en pleine mer, pêche en plongeant de 10 ou 20 mètres au-dessus de la surface de l'eau, ses yeux semblent maquillés
Situation en Charente-Maritime : le compagnon des pêcheurs du large ; les races spécimen observés sur les côtes sont des oiseaux affaiblies par les tempêtes

FOULQUE MACROULE 47

Longueur : 35 centimètres
Envergure : 70 centimètres
Plumage : noir, bec blanc, œil rouge
Sédentaire
Biotope : Plans d'eau
Nourriture : graines, invertébrés aquatiques, végétation aquatique
Nidification : dans les roseaux
Caractère : grégaire, peu farouche
Voix : cris aigus
Comment le reconnaître : plonge pour se nourrir et ressort de l'eau comme un bouchon
Situation en Charente-Maritime : présent partout

FULIGULE MILOUIN 48

Longueur : 45 centimètres
Envergure : 75 centimètres
Plumage : dos gris pâle, tête rousse, ventre noir (femelle plus terne)
Migrateur partiel : présent dès l'automne
Biotope : eaux douces
Nourriture : plnates aquatiques
Nidification : dans les roseaux
Caractère : sociable, vit en grands groupes
Voix : silencieux, sauf à la période de reproduction (sifflement, grognement)
Comment le reconnaître : à son œil rouge et à sa gris gris pâle sur son bec
Situation en Charente-Maritime : C'est la limite nord des individus hivernants et sud des sédentaires

46

47

FULIGULE MORILLON 49

Longueur : 45 centimètres
Envergure : 70 centimètres
Plumage : dos noir et tête brun noir, ventre blanc
Migrateur partiel : présent en hiver
Biotope : étangs, marais
Nourriture : insectes en mollusques
Nidification : dans la végétation près de l'eau
Caractère : très sociable, vit en groupes
Voix : grognement
Comment le reconnaître : à son œil jaune, sa longue huppe tombante et son bec gris avec une tâche noire au bout
Situation en Charente-Maritime : c'est la limite nord des individus hivernants et sud des sédentaires

48

49

50

GALLINULE POULE D'EAU 50

Longueur : 30 centimètres
Envergure : 59 centimètres
Plumage : brun, ligne blanche latérale, bec rouge à pointe jaune
Sédentaire
Biotope : plans d'eau, rivières, canaux
Nourriture : graines, invertébrés aquatiques, végétation aquatique
Nidification : dans les roseaux
Caractère : craintive, vit en famille
Voix : cris métalliques
Comment la reconnaître : se déplace plus à couvert qu'au milieu du plan d'eau, long les berges
Situation en Charente-Maritime : très présente

GEAI DES CHÊNES 51

Longueur : 35 centimètres
Envergure : 55 centimètres
Plumage : gris orangé, queue noire, bordure des ailes bleue, moustaches noires
Sédentaire
Biotope : bois, forêts
Nourriture : glands, insectes, œufs, poussins
Nidification : dans un arbre
Caractère : actif, farouche
Voix : cri rêche, capable d'imiter d'autres oiseaux
Comment le reconnaître : à ses ailes colorées et à son cri sonore
Situation en Charente-Maritime : très présent dans les bois de feuillus de Saintonge

GOÉLAND ARGENTÉ 52

Longueur : 55 centimètres
Envergure : 1,50 mètre
Plumage : gris argenté, cou blanc, bec jaune avec une tâche rouge à l'extrémité
Sédentaire
Biotope : bord de mer, ports, décharges
Nourriture : poissons, mollusques, déchets
Nidification : falaise
Caractère : très sociable, opportuniste
Voix : Aboiements
Comment le reconnaître : plus grand que la mouette rieuse avec laquelle il partage le biotope
Situation en Charente-Maritime : très commun

GOÉLAND MARIN 53

Longueur : 70 centimètres
Envergure : 1,60 mètre
Plumage : dos noir, ventre blanc
Sédentaire
Biotope : océan, îles et côtes rocheuses
Nourriture : poissons, crustacés, oiseaux marins
Nidification : falaise
Caractère : plutôt solitaire, agressif
Voix : aboiements
Comment le reconnaître : c'est le plus grand des goélands, le plus océanique, le plus sombre
Situation en Charente-Maritime : essentiellement autour des îles de Ré, Aix et Oléron

51

52

GOÉLAND BRUN 54

Longueur : 60 centimètres
Envergure : 1,40 mètre
Plumage : gris anthracite, cou et ventre blanc
Migrateur partiel
Biotope : littoral
Nourriture : poissons, mollusques
Nidification : falaise
Caractère : grégaire
Voix : plus miaulements qu'aboiements
Comment le reconnaître : se distingue de l'argenté par un plumage plus sombre, s'aventure rarement à l'intérieur des terres
Situation en Charente-Maritime : peu fréquente, c'est la frange la plus méridionale de son territoire

53

54

55

GORGE BLEUE À MIROIR 55

Longueur : 14 centimètres
Envergure : 20 centimètres
Plumage : brun, gorge bleue avec bordure rousse et tâche blanche
Migratrice : présente de mars à octobre
Biotope : buissons et arbustes des zones humides du littoral et des estuaires
Nourriture : insectes, graines
Nidification : buisson
Caractère : sociable
Voix : chant sonore et mélodieux puis comme une crécelle avec des sortes de raclements de gorge
Comment la reconnaître : en avril, le mâle se met bien en évidence en haut de la végétation et chante queue déployée pour délimiter son territoire et attirer mes femelles ; le reste de l'année, la gorge-bleue est très discrète
Situation en Charente-Maritime : assez fréquente dans les marais de Brouage, dans l'île de Ré et le long de l'estuaire de la Gironde

GRAND CORMORAN 56

Longueur : 70 centimètres
Envergure : 1 mètre
Plumage : noir, dessous blanc, bec jaune
Sédentaire
Biotope : le littoral et tous les points d'eau
Nourriture : poissons
Nidification : corniche de falaise, arbre
Caractère : sociable
Voix : la plupart du temps silencieux
Comment le reconnaître : facilement identifiable quand il ouvre les ailes en croix pour se sécher ou quand il pêche disparaissant complètement
Situation en Charente-Maritime : fréquent partout sur le littoral mais peut également s'observer à l'intérieur le long des rivières

GRAND GRAVELOT 57

Longueur : 18 centimètres
Envergure : 50 centimètres
Plumage : brun, ventre blanc, collier noir et blanc l'été, blanc l'hiver, bec court, pattes jaunes
Migrateur, présent en hiver
Biotope : plages de galets et de sable fin
Nourriture : insectes, vers
Nidification : au sol, dans les cailloux
Caractère : social mais bagarreur avec ses congénères pour se nourrir
Voix : cri flûté à deux syllabes
Comment le reconnaître : plus petit et plus rond que la plupart des limicoles
Situation en Charente-Maritime : encore très présent mais a tendance à se raréfier

GRANDE AIGRETTE 58

Longueur : 95 centimètres
Envergure : 1,70 mètre
Plumage : blanc, très long cou, bec jaune, cou plié en vol
Partiellement migratrice
Biotope : marais, roselières, étangs
Nourriture : insectes aquatiques, poissons, batraciens
Nidification : en dortoirs dans les arbres hauts avec d'autres hérons
Caractère : très farouche
Voix : généralement silencieuse ; au nid, la grande aigrette peut émettre un son guttural pour défendre sa nichée
Pour la reconnaître : deux fois plus grande qu'une garzette, elle avance dans l'eau en se servant d'une patte pour déloger ses proies
Situation en Charente-Maritime : très rare, recommence juste à nicher depuis 2014 ; la grande aigrette a failli disparaître

56

57

58

GRÈBE CASTAGNEUX 59

Longueur : 27 centimètres
Envergure : 42 centimètres
Plumage : Brun roux presque uni l'été, cou plus clair l'hiver
Sédentaire
Biotope : étangs, canaux, cours d'eau
Nourriture : petits poissons, insectes d'eau
Nidification : sur l'eau, dans un amas flottant d'herbes
Caractère : plutôt sociable
Voix : cri aigu
Comment le reconnaître : à son plongeon carctéristique pour se nourrir, à sa marque jaune et son absence de huppe qui le distinguent du grèpe huppé

GRÈBE HUPPÉ 60

Longueur : 50 centimètres
Envergure : 90 centimètres
Plumage : dos brun sombre, poitrine blanche, collerette noir et rousse, face blanche, huppe noire
Sédentaire
Biotope : plans d'eau
Nourriture : poissons
Nidification : sur un tas d'herbe près de l'eau
Caractère : sociable, vit en groupe
Voix : grognements, sifflements
Comment le reconnaître : plonge entièrement pour pêcher et reste longtemps sous l'eau
Situation en Charente-Maritime : présent un peu partout ; on peut l'observer aussi bien sur les plans d'eau de l'intérieur que dans le port de La Rochelle

GUILLEMOT DE TROÏL 61

Longueur : 40 centimètres
Envergure : 65 centimètres
Plumage : brun noir, dessous blanc, bec pointu.
Migrateur : des côtes vers la mer, présence hivernale
Nourriture : poissons
Nidification : côtes rocheuses des îles britanniques, nord Bretagne
Caractère : très sociable
Voix : en mer, les jeunes sifflent
Comment le reconnaître : passe l'hiver en pleine mer en colonies, se distingue du pingouin torda par un bec droit
Situation en Charente-Maritime : ne s'observe qu'en mer, près des côtes en cas de tempête

59

60

61

HÉRON CENDRÉ 62

Longueur : 95 centimètres
Envergure : 1,85 mètre
Plumage : gris et noir, puissant bec jaune, cou plié en vol
Sédentaire
Biotope : eau douce et salée. Marais du littoral, rivières, lacs.
Nourriture : poissons, grenouilles, rongeurs
Nidification : en dortoir dans de hauts arbres
Caractère : plutôt solidaire et farouche
Voix : croassement
Pour le reconnaître : souvent immobile à l'affût au bord d'un plan d'eau ; vol lourd et ample.
Situation en Charente-Maritime : très commun ; importante colonie à la Gripperie Saint-Symphorien

62

63

HÉRON GARDE-BŒUFS 63

Longueur : 45 centimètres
Envergure : 90 centimètres
Plumage : blanc avec le poitrail, une partie du dos et le sommet de la tête orangés ; cou plié en vol
Sédentaire
Biotope : prairies d'élevage, marais
Nourriture : insectes, batraciens, lézards, rongeurs
Nidification : en dortoirs dans les arbres avec d'autres hérons
Caractère : relativement sociable
Voix : brefs croassements
Pour le reconnaître : vit en colonies au milieu des troupeaux de vaches ou de moutons pour capturer les insectes qui les parasitent
Situation en Charente-Maritime : très présent sur une grande frange littorale, facilement observable dans les prés salés consacrés à l'élevage autour de Brouage

HÉRON POURPRÉ 64

Longueur : 80 centimètres
Envergure : 1,35 mètre
Plumage : roux, dessous des ailes sombre, long bec fin jaune orangé, cou plié en vol
Migrateur : arrive fin mars début avril, repart fin août début septembre
Biotope : vastes zones humides, roselières
Nourriture : poissons, grenouilles, invertébrés aquatiques
Nidification : en dortoir, dans les arbres à mi-hauteur en compagnie des aigrettes, des bihoreaux
Caractère : Hors du nid, plutôt solitaire et très farouche
Voix : croassement
Pour le reconnaître : un peu plus petit que le cendré, très roux, sillonne les plans d'eau à faible profondeur pour pêcher
Situation en Charente-Maritime : très dépendant des zones humides ; population beaucoup plus fragile que celle du héron cendré mais peut s'observer assez facilement l'été dans les marais autour de ses sites de nidification (Saint-Agnant, Brouage, Voutron, Esnandes, Villedoux)

64

65

HIBOU DES MARAIS 65

Longueur : 40 centimètres
Envergure : 1 mètre
Plumage : dos marbré brun, beige et blanc, ventre crème strié de brun, face blanchâtre avec yeux jaunes
Migrateur partiel
Biotope : marais côtiers, milieux ouverts (nocturne)
Nourriture : petits rongeurs
Nidification : au sol
Caractère : plutôt sociable pour un rapace
Voix : Aboiement nasal
Comment le reconnaître : c'est quasiment le seul rapace nocturne à chasser de jour
Situation en Charente-Maritime : critique, ne niche plus qu'au nord du département (Esnandes, île de Ré)

HIBOU PETIT-DUC SCOPS 66

Longueur : 20 centimètres
Envergure : 50 centimètres
Plumage : gris, ventre strié de pâle
Migrateur : présent d'avril à septembre
Biotope : zones boisées, villages (nocturne)
Nourriture : gros insectes
Nidification : trou dans un arbre, un mur
Caractère : vit en famille
Voix : chant doux et flûté
Comment la reconnaître : à son plumage gris, à sa face en forme de V
Situation en Charente-Maritime : relativement rare mais présent dans les trois îles

HIBOU MOYEN DUC 67

Longueur : 36 centimètres
Envergure : 90 centimètres
Plumage : brun-gris sur le dessus, ventre strié de crème
Sédentaire
Biotope : forêts ou bois de conifères (nocturne)
Nourriture : rongeurs, oiseaux
Nidification : fourrés, ronciers
Caractère : grégaire, vit en groupe, niche en dortoir
Voix : « Hou hou » grave, étouffé
Comment le reconnaître : à sa taille et ses longues aigrettes (oreilles) dressées
Situation en Charente-Maritime : présent un peu partout à l'ouest du département, y compris dans les îles

HIRONDELLE DE RIVAGE 68

Longueur : 12 centimètres
Envergure : 28 centimètres
Plumage : dos brun, ventre blanc
Migratrice : présente en été
Biotope : le long des rivières
Nourriture : insectes
Nidification : dans le sable
Caractère : sociable
Voix : gazouillis
Comment la reconnaître : plus grise, moins bleue que l'hirondelle rustique, elle n'a pas non plus la gorge rouge
Situation en Charente-Maritime : fréquente en migration, rare pour nicher

66

67

68

HIRONDELLE RUSTIQUE 69

Longueur : 18 centimètres
Envergure : 35 centimètres
Plumage bleu sombre, ventre blanc, gorge rouge
Migratrice : présente de mars à octobre
Biotope : fermes, villages, vieux bâtiments
Nourriture : insectes volants
Nidification : sous les toits, dans les granges
Caractère : sociable, peu farouche
Voix : gazouillis
Comment la reconnaître : vol rapide à la surface de l'eau, se regroupe sur les fils électriques en fin d'été
Situation en Charente-Maritime : en diminution inquiétante du fait de l'utilisation d'insecticides dans l'agriculture

69

70

HUÎTRIER-PIE 70

Longueur : 40 centimètres
Envergure : 80 centimètres
Plumage : noir, ventre blanc, bec rouge, pattes courtes orangées
Migrateur : présent en hiver
Biotope : l'estran rocheux ou sablonneux
Nourriture : moules, coques
Nidification : au sol
Caractère : grégaire, farouche
Voix : cris stridents
Comment le reconnaître: se tient en groupes serrés sur les dernières parties émergées de la marée et s'envole au dernier moment en rasant la surface de l'eau
Situation en Charente-Maritime : Très présent l'hiver dans le fier d'Ars et dans l'île d'Oléron

HUPPE FASCIÉE 70

Longueur : 27 centimètres
Envergure : 45 centimètres
Plumage : tête et haut du corps caramel, ailes et dos barrés de noir et blanc, longue huppe, bec très fin un peu courbé vers le bas
Migratrice : présente de mars à octobre
Biotope : parcs, vergers, villages
Nourriture : vers, larves, insectes
Nidification : trou d'arbre, mur, sous les toits
Caractère : vit en famille, plutôt craintive
Voix : « Houp, houp » caractéristique ; comme si elle prononçait son nom « huppe »
Comment la reconnaître : grâce à sa huppe, véritable crête
Situation en Charente-Maritime : fréquente

70

71

IBIS FALCINELLE 71

Longueur : 60 centimètres
Envergure : 90 centimètres
Plumage : brun-noir, bec plus clair recourbé vers le bas
Migrateur : présent d'avril à septembre
Biotope : marais côtiers
Nourriture : insectes, crustacés, mollusques
Nidification : normalement en colonies mixtes, mais en Charente-Maritime, les couples sont isolés
Caractère : grégaire
Voix : silencieux
Comment le reconnaître : son plumage sombre, son bec incurvé
Situation en Charente-Maritime : très rare ; quelques couples au nord et sud de Rochefort

IBIS SACRÉ 72

Longueur : 90 centimètres
Envergure : 1,20 mètre
Plumage : blanc, tête et queue noire, bec noir recourbé vers le bas. Cou allongé en vol
Sédentaire : en Charente-Maritime ; les ibis sacrés, d'origine africaine, ont colonisé l'ouest de la France à partir d'oiseaux libérés d'un élevage près de la Baule dans les années 90
Biotope : marais côtiers
Nourriture : insectes, crustacés, mollusques
Nidification : en dortoirs
Caractère : grégaire
Voix : silencieux
Pour le reconnaître : son bec recourbé vers le bas, vole le cou tendu
Situation en Charente-Maritime : plusieurs centaines de couples

72

73

LINOTTE MÉLODIEUSE 73

Longueur : 13 centimètres
Envergure : 20 centimètres
Plumage : brun roux sur le dos, poitrine rouge
Sédentaire
Biotope : campagne cultivée, haies de bocage
Nourriture : graines, insectes pour les oisillons
Nidification : buisson dense
Caractère : grégaire
Voix : chant mélodieux et varié avec gazouillis
Comment la reconnaître : à sa poitrine rouge et au fait qu'elle chante souvent sur la plus branche d'une haie, d'un buisson
Situation en Charente-Maritime : présente partout

MACAREUX MOINE 74

Longueur : 25 centimètres
Envergure : 50 centimètres
Plumage : noir et blanc, bec fort, rouge et jaune
Migrateur : des côtes vers la mer, présence hivernale
Nourriture : poissons
Nidification : Islande, îles britanniques, nord Bretagne
Caractère : très sociable
Voix : silencieux
Comment le reconnaître : passe l'hiver en pleine mer en colonies, ne ressemble à aucun autre oiseau : on l'appelle le perroquet ou clown des mers
Situation en Charente-Maritime : sauf conséquences d'une tempête, la mascotte de la Ligue pour la Protection des oiseaux ne s'observe que très rarement sur les côtes

MARTIN-PÊCHEUR 75

Longueur : 15 centimètres
Envergure : 24 centimètres
Plumage : dos bleu fluo, ventre rouge
Sédentaire
Biotope : plans d'eau, rivières
Nourriture : poissons
Nidification : au creux d'une berge ou d'un talus
Caractère : farouche, très actif
Voix : cris très aigus
Comment le reconnaître : un éclair bleu au-dessus de l'eau ; avec un peu de chance, on peut l'observer perché sur une branche au-dessus de l'eau
Situation en Charente-Maritime : présent un peu partout

MÉSANGE À LONGUE QUEUE 76

Longueur : 14 centimètres
Envergure : 17 centimètres
Plumage : noir et rosé sur le dos et les flancs, ventre blanchâtre
Biotope : zones boisées
Nourriture : Araignées, insectes
Nidification : dans un arbustre épineux ou un petit conifère
Caractère : très active, très sociable, vit en bandes
Voix : cris aigus
Comment la reconnaître : son absence de cou et sa longue queue
Situation en Charente-Maritime : non menacée

74

75

76

MÉSANGE BLEUE 77

Longueur : 12 centimètres
Envergure : 18 centimètres
Plumage : gris bleu sur le dos, jaune sur le ventre, calottre crânienne bleu vif
Sédentaire
Biotope : parcs, jardins, zones boisées
Nourriture : graines, insectes, très présente aux mangeoires
Nidification: trou d'arbre ou de mur
Caractère : Peu farouche, vit en petits groupes
Voix : trilles prolongés
Comment la reconnaître : plus petite que la charbonnière et à sa calotte bleue
Situation en Charente-Maritime : fréquente

MÉSANGE CHARBONNIÈRE 78

Longueur : 14 centimètres
Envergure : 23 centimètres
Plumage : vert olive, gris, ventre jaune, tête noire et blanche
Sédentaire
Biotope : parcs et jardins
Nourriture : graines, insectes
Nidification : petit trou d'arbre ou de mur
Caractère : vit en petits groupes, sociable
Voix : très variée, imitations
Comment la reconnaître : c'est le plus grosse et la plus commune des mésanges, à ses joues blanches qui contrastent avec sa tête très noire « charbon »
Situation en Charente-Maritime : commune

MILAN NOIR 79

Longueur : 50 centimètres
Envergure : 1,40 mètre
Plumage : brun, queue fourchue
Migrateur : présent de mars à octobre
Biotope : aussi bien les zones humides que les terrains secs entrecoupés de cours d'eau
Nourriture : poissons, animaux morts, oisillons au nid, rongeurs
Nidification : dans un arbre
Caractère : très opportuniste
Voix : sifflement aigu
Comment le reconnaître : roi des airs, remarquable voilier, se sert de sa queue comme d'un gouvernail
Situation en Charente-Maritime : très commun. Présent partout, sauf en bord de mer

77

78

79

MOUETTE MÉLANOCÉPHALE 80

Longueur : 35 centimètres
Envergure : 1 mètre
Plumage : gris clair, ventre blanc, tête noire l'été, grisâtre l'hiver, bec rouge
Migratrice : présente l'été
Biotope : Plages, marais côtiers, îles
Nourriture : poissons, invertébrés
Nidification : sur le sable ou dans les galets
Caractère: grégaire
Voix : cris graves
Comment la reconnaître : se distingue de la très commune mouette rieuse par un cabuchon très noir l'été et aucun noir sur l'aile
Situation en Charente-Maritime : occasionnelle

MOUETTE RIEUSE 81

Longueur : 35 centimètres
Envergure : 1 mètre
Plumage : dos gris pâle, ventre blanc, tête caramel l'été
Sédentaire
Biotope : étangs, bords de mer, champs
Nourriture : vers, graines, insectes, poissons
Nidification : au sol
Caractère grégaire, opportuniste, vit en groupes
Voix : cris rauques et stridents
Comment la reconnaître : plus petite que le goéland, bec et pattes rouges l'été, orangés l'hiver
Situation en Charente-Maritime : très fréquente

MOUETTE TRIDACTYLE 82

Longueur : 40 centimètres
Envergure : 1 mètre
Plumage : gris et blanc, bout des ailes noir, bec jaune
Migratrice des côtes vers la mer, présente en hiver
Nourriture : poissons
Nidification : falaises des îles britanniques aux côtes bretonnes
Caractère : grégaire
Voix : miaulement
Comment la reconnaître : peut suivre les chalutiers, se distingue de la mouette rieuse par son bec jaune
Situation en Charente-Maritime : facilement observable en mer, rare sur les côtes

80

81

NETTE ROUSSE 83

Longueur : 55 centimètres
Envergure : 85 centimètres
Plumage : tête roux vif, poitrine noire, bec rouge pour le mâle, femelle plus terne
Migratrice : de passage l'hiver
Biotope : points d'eau entourés de roseaux
Nourriture : plantes aquatiques
Nidification : à terre dans la végétation
Caractère : sociable
Voix : un cri rauque
Comment la reconnaître : au roux brillant de la tête du mâle
Situation en Charente-Maritime : très rare, seulement de passage ; c'est un canard méditerranéen

82

83

84

ŒDICNÈME CRIARD 84

Longueur : 40 centimètres
Envergure : 80 centimètres
Plumage : brun strié, ventre plus clair, œil jaune prononcé entouré d'un sourcil blanc et d'une ligne blanche sur la joue
Migrateur : présent de mars à octobre
Biotope : champs cultivés
Nourriture : insectes, lézards, escargots
Nidification : au sol
Caractère : très discret et peureux
Voix : cri à deux syllabes, l'une grave, l'autre aiguë
Comment le reconnaître : difficile à distinguer dans les champs car il reste souvent tapis, que son plumage est couleur terre et qu'il est surtout actif la nuit ; quand il se sent menacé, il court à petits pas pressés
Situation en Charente-Maritime : devenu très rare du fait des insecticides dans les cultures.

PANURE À MOUSTACHES 85

Longueur : 13 centimètres
Envergure : 17 centimètres
Plumage : roux et noir, tête grise. Grosses moustaches noires pour le mâle
Sédentaire
Biotope : roselières
Nourriture : graines, chenilles
Nidification : dans les roseaux
Caractère : très discrète, vit cachée
Voix : piaillement aigu
Comment la reconnaître : ne peut être confondue avec aucun autre passereau tant ses couleurs sont caractéristiques
Situation en Charente-Maritime : très très rare ; occasionnellement quelques individus dans les roselières en bordure de la Sèvre Niortaise

85

86

PERDRIX GRISE 86

Longueur : 30 centimètres
Envergure : 45 centimètres
Plumage : brun strié, poitrine grise, tête orange
Sédentaire
Biotope : prairies, plaines cultivées
Nourriture : graines, insectes pour les poussins
Nidification : au sol
Caractère : les oiseaux issus d'élevages pour la chasse se laissent approcher, les sauvages sont farouches
Voix : cri rauque
Comment la reconnaître : généralement, elles vivent en colonies et s'envolent toutes en même temps au moindre danger ; vole au ras du sol
Situation en Charente-Maritime : la perdrix vraiment sauvage est de plus en plus rare

PERDRIX ROUGE 87

Longueur : 33 centimètres
Envergure : 47 centimètres
Plumage : brun sur le dos, gris-bleu barré de noir et de blanc sous le ventre, cou strié, gorge blanche
Sédentaire
Biotope : champs, landes
Nourriture : graines, jeunes pousses, insectes pour les poussins
Nidification : au sol
Caractère : normalement farouche, sauf oiseaux issus d'élevages
Voix : cri rauque
Comment la reconnaître : une boule rousse, se perche souvent sur un point dominant
Situation en Charente-Maritime : la perdrix vraiment sauvage est de plus en plus rare

87

88

PETIT GRAVELOT 88

Longueur : 14 centimètres
Envergure : 40 centimètres
Plumage : brun sable, ventre blanc, bande pectorale noire, œil cerclé de jaune
Migrateur : présent de mars à septembre
Biotope : rivage sableux ou caillouteux
Nourriture : insectes, larves
Nidification : au sol, camouflé
Caractère: plutôt solitaire l'été
Voix : sifflement en deux notes
Comment le reconnaître : avec le bécasseau minute, c'est le plus petit des limicoles, son œil cerclé de jaune est caractéristique
Situation en Charente-Maritime : non menacé mais présence irrégulière

PHRAGMITE DES JONCS 89

Longueur : 13 centimètres
Envergure : 20 centimètres
Plumage : brun strié, ventre blanchâtre, sourcil blanc
Migrateur : présent du printemps à l'automne
Biotope : roselières
Nourriture : insectes, chenilles
Nidification : au sol dans la végétation
Caractère : solitaire
Voix : chant très varié, gazouillis, sifflements et raclements de gorge
Comment le reconnaître : se tient souvent accroché à mi-hauteur d'un chant ou d'un roseau
Situation en Charente-Maritime : présent dans les roselières de l'estuaire de la Gironde, dans le marais de Brouage

PIC ÉPEICHE 90

Longueur : 22 centimètres
Envergure : 35 centimètres
Plumage : dos noir et blanc, ventre beige et rouge, tâche rouge à l'arrière du crâne
Sédentaire
Biotope: forêts, bois
Nourriture : insectes, larves
Nidification : dans un tronc
Caractère : solitaire, farouche
Voix : cri dur et très sonore
Comment le reconnaître : au tambourinage des troncs avec son bec, à sa posture verticale le long des troncs
Situation en Charente-Maritime : c'est le pic le plus commun dans les secteurs boisés (Saintonge, sud Saintonge)

PIC VERT 91

Longueur : 30 centimètres
Envergure : 40 centimètres
Plumage : vert olive avec calotte rouge
Sédentaire
Biotope : bois forêts
Nourriture : fourmis, larves
Nidification : dans un tronc
Caractère : farouche, solitaire
Voix : cri pouissant en vol
Comment le reconnaître : à son plumage vert ; peut être confondu avec le pic cendré beaucoup plus rare
Situation en Charente-Maritime : bien présent quoique en diminution ; absent des îles.

89

90

91

PINGUOIN TORDA 92

Longueur : 40 centimètres
Envergure : 65 centimètres
Plumage : brun foncé, dessous blanc, un trait blanc le long du bec noir
Migrateur : des côtes vers la mer, présence hivernale
Nourriture :poissons
Nidification : côtes rocheuses des îles britanniques, nord Bretagne

Caractère : très sociable
Voix : silencieux
Comment le reconnaître : passe l'hiver en pleine mer en colonies, se distingue du guillemot de troïl par un bec recourbé avec deux traits blancs
Situation en Charente-Maritime : ne s'observe qu'en mer

PINSON DES ARBRES 93

Longueur : 15 centimètres
Envergure : 25 centimètres
Plumage : dos brun, ailes noires et blanches, ventre rose, tête grise
Sédentaire
Biotope : secteurs boisés, parcs
Nourriture : insectes, graines, chenilles
Nidification : dans un arbre

Caractère : vit en petits groupes, sociable
Voix : chant énergétique, gai, sonore.
Comment le reconnaître : c'est souvent le seul oiseau à chanter aussi quand il pleut
Situation en Charente-Maritime : plus présent en Saintonge que sur le littoral

PIPIT DES ARBRES 94

Longueur : 15 centimètres
Envergure : 25 centimètres
Plumage : brun strié, ventre crème strié, sourcil blanchâtre
Migrateur : présent d'avril à octobre
Biotope : clairières, prairies
Nourriture : insectes, chenilles
Nidification : dans l'herbe

Caractère : siltaire
Voix : trilles agréables
Comment le reconnaître : à son plumage strié
Situation en Charente-Maritime : peut s'observer l'été un peu partout de l'intérieur au littoral

92

93

94

PLUVIER ARGENTÉ 95

Longueur : 28 centimètres
Envergure : 75 centimètres
Plumage : gris argent perlé, ventre noir l'été, blanc l'hiver avec les aisselles noires, bec court noir
Migrateur : présent de septembre à mai
Biotope : vasières du littoral
Nourriture : mollusques de vasières
Nidification : au sol, dans la toundra scandinave
Caractère : sociable en hivernage, se mêle aux autres limicoles
Voix : sifflement plaintif
Comment la reconnaître : très actif en vol au-dessus de la vase avec acrobaties à l'atterrissage. Bec plus court que la plupart des autres limicoles
Situation en Charente-Maritime : relativement fréquent en baie de l'Aiguillon, dans l'île de Ré

POUILLOT VÉLOCE 96

Longueur : 11 centimètres
Envergure : 20 centimètres
Plumage : dos brun-olive, ventre jaune pâle, crème, sourcil jaune pâle
Sédentaire
Biotope : parcs, jardins, fourrés
Nourriture : insectes
Nidification : dans un buisson bas ou dans les herbes
Caractère : solitaire, craintif
Voix : cri doux, cascade de sons
Comment le reconnaître : à son arcade sourcilière très marquée
Situation en Charente-Maritime : relativement commun

RÂLE D'EAU 97

Longueur : 25 centimètres
Envergure : 40 centimètres
Plumage : brun strié de noir, ventre gris, long bec rouge, pattes roses
Sédentaire
Biotope : étangs, canaux, marais
Nourriture : insectes, invertébrés
Nidification : au-dessus de l'eau, dans la végétations
Caractère : vit en famille mais à couvert
Voix : cris aigus, aigres, plaintifs
Comment le reconnaître : à son œil bien rouge et au gris anthracite de sa poitrine
Situation en Charente-Maritime : très présent dans le Marais poitevin mais difficile à observer car rarement à découvert

95

96

97

RÂLE DES GENÊTS 98

Longueur : 30 centimètres
Envergure : 50 centimètres
Plumage : fauve strié de noir sur le dos, ailes rousses, poitrine grise
Migrateur : présent d'avril à septembre
Biotope : prairies
Nourriture : insectes, graines
Nidification : au sol
Caractère : très farouche, vit caché
Voix : raclement de gorge bref et répété
Comment le reconnaître : quand les mâles chantent le soir ou quand ils s'envolent sous les pieds après s'être tapis dans l'herbe
Situation en Charente-Maritime : très rare, quelques couples nicheurs dans la plaine de Saintes et sur un axe Saintes-Royan

ROITELET HUPPÉ 99

Longueur : 9 centimètres
Envergure : 14 centimètres
Plumage : vert olive, calotte jaune et noire
Sédentaire
Biotope : boisements mixtes feuillus conifères
Nourriture : insectes
Nidification : dans un arbre
Caractère : solitaire, craintif
Voix : cris aigus, perçants, gazouillis
Comment le reconnaître : le plus petit passereau
Situation en Charente-Maritime : fréquent

ROUGE-GORGE 100

Longueur : 14 centimètres
Envergure : 20 centimètres
Plumage : brun, gorge rouge
Migrateur partiel
Biotope : parcs, jardins, bocage
Nourriture : vers, insectes, graines
Nidification : haie, buisson
Caractère : vit en famille, souvent agressif avec les autres passereaux
Voix : chant musical et varié
Comment le reconnaître : à son plastron rouge pétant
Situation en Charente-Maritime : très commun

98

99

100

ROUSSEROLLE EFFARVATTE 101

Longueur : 14 centimètres
Envergure : 20 centimètres
Plumage : brun, ventre beige, gorge blanche
Migratrice, présente au printemps à l'automne
Biotope : roselières
Nourriture : insectes
Nidification : au sol dans la végétation
Caractère : solitaire
Voix : chant grave, bas et avec assez peu de variantes
Comment la reconnaître : très proche du phragmite mais sourcil moins marqué, dos moins strié et dessus de tête souvent un peu ébouriffée
Situation en Charente-Maritime : présent dans les roselières de l'estuaire de la Gironde, dans le marais de Brouage

101

102

SARCELLE D'ÉTÉ 102

Longueur : 40 centimètres
Envergure : 65 centimètres
Plumage : dos brun rosé et tacheté, ventre gris-blanc tacheté
Migrateur : présent de mars à octobre
Biotope : étangs, marais d'eau douce
Nourriture : végétation aquatique et invertébrés
Caractère : vit et se déplace en famille
Voix : raclement pour le mâle, rare cancanement pour la femelle
Comment la reconnaître : à son épais trait blanc derrière l'œil (moins prononcé pour la femelle)
Situation en Charente-Maritime : très commun, se mêle souvent à la sarcelle d'hiver (tête sombre et sans trrait blanc derrière l'œil) à l'automne

SARCELLE D'HIVER 103

Longueur : 36 centimètres
Envergure : 60 centimètres
Plumage : corps gris avec bande horizontale blanche et verte, tête marron avec bande verte
Migrateur : présente l'hiver
Biotope : plans d'eau, estuaires
Nourriture : graines, végétaux
Nidification : près de l'eau
Caractère : sociable
Voix : caquètement aigu
Comment la reconnaître : à son capuchon marron caractéristique
Situation en Charente-Maritime : de plus en plus rare, considéré comme en danger

103

104

SERIN CINI 104

Longueur : 85 centimètres
Envergure : 1,30 mètre
Plumage : entièrement blanc, long bec noir à bout jaune en forme de spatule ; cou allongé en vol
Migratrice : présente de mars à octobre
Biotope : marais côtiers, lacs, roselières
Nourriture : poissons, crustacés
Nidification : En petites colonies, mais rarement mélangés à d'autres espèces
Caractère : farouche
Voix : silencieuse
Pour la reconnaître : son bec caractéristique, vole le cou tendu
Situation en Charente-Maritime : bien que sa population soit fragile car très dépendante des zones humides, on peut encore observer régulièrement l'été quelques spatules dans le marais de Brouage ou au pôle nature de Breuil-Magné

SPATULE BLANCHE 105

Longueur : 12 centimètres
Envergure : 19 centimètres
Plumage : vert strié sur le dos, tête et ventre jaunes, femelle plus terne
Sédentaire
Biotope : vergers, parcs, jardins.
Nourriture : graines
Nidification : dans un arbre
Caractère : grégaire, sociable
Voix : chant rapide et métallique
Comment le reconnaître : c'est le passereau sauvage qui ressemble le plus au canari de captivité
Situation en Charente-Maritime : assez peu fréquent

105

107

108

STERNE ARCTIQUE 106

Longueur : 30 centimètres
Envergure : 80 centimètres
Plumage : gris et blanc, calotte noire, bec et pattes rouges, queue en fourche
Migratrice : le long des côtes occidentales, présente en été
Nourriture : poissons
Nidification : côtes scandinaves, îles britanniques
Caractère : irascible quand elle se trouve sur son site de nidification, menace les intrus en poussant des cris aigus, peut même donner des coups de bec
Voix : cris aigus
Comment la reconnaître : vol très rapide. En mer, pique sur les poissons. Se distingue des autres sternes par son bec entièrement rouge
Situation en Charente-Maritime : relativement fréquente en mer, on peut également l'observer à la pointe des îles de Ré et d'Oléron

STERNE CAUGEK 107

Longueur : 35 centimètres
Envergure : 95 centimètres
Plumage : gris et blanc, calotte noire avec une huppe à l'arrière du crâne, bec noir
Migratrice : présente en été
Nourriture : poisson
Nidification : îlots rocheux en plein mer
Caractère : plus solitaire que les autres sternes
Voix : cri rauque
Comment la reconnaître : plonge en mer d'une dizaine de mètres de hauteur pour pêcher, se distingue des autres sternes par son bec noir à pointe jeune et sa calotte noire hirsute
Situation en Charente-Maritime : de plus en plus rare ; c'est à la pointe des îles qu'on a le plus de chances de l'apercevoir

STERNE NAINE 108

Longueur : 23 centimètres
Envergure : 50 centimètres
Plumage : gris argent, ventre blanc, tête noire, bec jaune
Migratrice : présente d'avril à octobre
Biotope : plans d'eau, marais, estuaires
Nourriture : poissons
Nidification : au sol, près de l'eau
Caractère : vit en groupes, agressive
Voix : cris aigus répétés
Comment la reconnaître : c'est la plus petite des sternes, la moins océanique, elle vole sur place avant de plonger
Situation en Charente-Maritime : de plus en plus rare

STERNE PIERREGARIN 109

Longueur : 30 centimètres
Envergure : 80 centimètres
Très difficile à distinguer de la sterne arctique : même plumage gris et blanc, même calotte noire, même queue en fourche, la seule différence vient de la pointe noire au bout du bec rouge
Migratrice : présente en été
Nourriture : poissons, insectes aquatiques
Nidification : îlots sableux, île de Ré, Vendée, Bretagne, vallée de la Loire
Caractère : grégaire
Voix : cris aigus
Comment la reconnaître : vol très vif, saccadé au-dessus de la surface de l'eau, le bec pointé vers le bas ; se distingue de la sterne arctique par la pointe noire au bout de son bec rouge
Situation en Charente-Maritime : plus présente sur le littoral que la sterne arctique

106

109

TADORNE DE BELON 110

Longueur : 60 centimètres
Envergure : 1,20 mètre
Plumage : blanc, roux et noir. Bec rouge
Sédentaire
Biotope : points d'eau du littoral, vasières
Nourriture : algues, crustacés
Nidification : généralement au sol dans un creux d'herbe
Caractère : calme, mais craint la présence de l'homme
Voix : cancane
Comment le reconnaître : à son plumage très particulier et à son bec très rouge
Situation en Charente-Maritime : fréquent sur tout le littoral

TARIER PÂTRE 111

Longueur :12 centimètres
Envergure : 19 centimètres
Plumage : brun noir sur le dos, poitrine orangée, tête noire et bandes blanches sur le cou
Sédentaire
Biotope : prairies, bocage, haies, marais
Nourriture : insectes
Nidification : dans l'herbe
Caractère : peu farouche
Voix : chant sec, répété
Comment le reconnaître : se tient souvent en haut de la végétation, volette de perchoir en perchoir ; très actif
Situation en Charente-Maritime : fréquent notamment le long de la côte

TRAQUET MOTTEUX 112

Longueur : 15 centimètres
Envergure : 30 centimètres
Plumage : brun gris sur le dos, gorge crème, barre noire devant et derrière l'œil
Migrateur : présent de mars à octobre
Biotope : milieux ouverts
Nourriture : insectes, araignées
Nidification : sous un rocher, dans un mur ou dans un trou du sol
Caractère : peu farouche
Voix : long chant séquencé avec des sons souvent râpeux
Comment le reconnaître : aime rester perché sur un piquet
Situation en Charente-Maritime : moins fréquent que le traquet pâtre mais nullement menacé

110

111

TOURNEPIERRE À COLLIER 113

Longueur : 20 centimètres
Envergure : 45 centimètres
Plumage : roux et noir, ventre blanc, collier noir, bec court
Migrateur : présent d'août à avril
Biotope : laisses de mer, estran rocheux
Nourriture : mollusques, petits crabes
Nidification : au sol, près du rivage
Caractère : sociable, peu farouche
Voix : cris secs
Comment le reconnaître : passe ses journées sur l'estran à retourner les pierres, les coquilles d'huîtres avec le bec pour y chercher sa nourriture
Situation en Charente-Maritime : avec le bécasseau variable, c'est le limicole le plus commun et le plus facilement observable du bord de mer

VANNEAU HUPPÉ 114

Longueur : 30 centimètres
Envergure : 70 centimètres
Plumage : vert foncé (presque noir), ventre et joues blancs, huppe noire
Sédentaire
Biotope : champs cultivés
Nourriture : insectes, vers
Nidification : au sol
Caractère : grégaire, très actif
Voix : cri nasillard et long, très bruyant
Comment le reconnaître : à sa huppe, à son vol chaloupé et au fait qu'il se trouve souvent en bandes
Situation en Charente-Maritime : présent partout où il y a des espaces dégagés, y compris dans les marais

112

113

114

Références

HUME Rob, LESAFFRE Guilhem et DUQUET Marc, *Oiseaux de France et d'Europe*, éditions Larousse, 2013, recommandé par la LPO

PETERSON Robert, MOUNTFORT Guy, PED HOLLOM, *Le guide des oiseaux d'Europe*, Delachaux et Niestlé, 1972

PERRINS Christopher, *Les oiseaux d'Europe*, Delachaux et Niestlé, 1987

DARMANGEAT Pierre, *Oiseaux de mer et de rivage*, éditions Arthémis, 2000

POITOU-CHARENTES-NATURE, *Les Oiseaux du Poitou-Charentes*, 2015

Crédits photographiques

Thomas Brosset ;

Image de la fiche 98 (p. 121) : © Ligue pour la Protection des Oiseaux

© Wikimedia Commons : image fiche 10 (p. 85) : Zeynel Cebeci / fiche 28 (p. 92) : Michael Gäbler / fiche 38 (p. 97) : Pierre Dalous / fiche 41 (p. 98) : William H. Majoros / fiche 67 (p. 108) : Jean-Jacques Boujot

Image fiche 66 (p. 108) : © Pixabay

LA GESTE

www.gesteditions.com

Par ce logo, nous témoignons d'une volonté de réduire les impacts environnementaux liés aux activités de l'imprimerie. Nous choisissons un imprimeur impliqué dans la réduction des gaz à effet de serre. Le choix de nos papiers assure que la production a été faite à partir d'un produit à base de bois et a suivi le cahier des charges d'une gestion durable des forêts européennes. Achevé d'imprimer chez Denona en Union européenne en avril 2021.

Couverture et maquette : Séphora Markarian

Dépôt légal : premier semestre 2021

11, rue Norman-Borlaug
79260 La Crèche
05 49 05 37 22
contact@gesteditions.com